BARRY GORDON & LISA BERGER

Barry Gordon enseigne la neurologie et les sciences cognitives à la prestigieuse université John Hopkins et publie de nombreux articles dans des revues savantes. Spécialiste mondialement connu des troubles de la mémoire, il est le fondateur de la *Memory Clinic*.

Il a écrit en collaboration avec **Lisa Berger**, spécialiste du domaine médical et de la psychologie, *La mémoire intelligente : puisez dans les ressources insoupçonnées de votre cerveau pour faire exploser vos performances* (Robert Laffont, 2004).

LA MÉMOIRE INTELLIGENTE

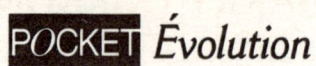
POCKET *Évolution*

Des livres pour vous faciliter la vie!

Arouna Lipschitz
La voie de l'amoureux
Savoir aimer plutôt que rêver d'amour

Malcolm Gladwell
La force de l'intuition
Prendre la bonne décision en deux secondes

Catherine Bensaid et Jean-Yves Leloup
Qui aime quand je t'aime ?
De l'amour qui souffre à l'amour qui s'offre

Thierry Farrayre
Le miracle crétois
Tout savoir sur la cuisine crétoise afin de vivre mieux et plus longtemps

Maryse Vaillant et Judith Leroy
Vivre avec elle
Mère et fille racontent

Pierre Berloquin
Testez votre quotient émotionnel
Des tests pour dresser en quelques instants votre quotient émotionnel

Pierre Berloquin
Ces gestes qui manipulent, ces mots qui influencent
Décodez les gestes et les mots de la manipulation

BARRY GORDON
LISA BERGER

LA MÉMOIRE
INTELLIGENTE

*Traduit de l'américain
par Anatole Muchnik*

ROBERT LAFFONT

Titre original américain:

INTELLIGENT MEMORY

© Intelligence Amplification Inc. and Lisa Berger, 2003.
© 2004 Traduction française : Éditions Robert Laffont, S.A., Paris.
ISBN : 978-2-266-15407-9

Sommaire

Introduction

La mémoire que vous aimeriez posséder n'est pas celle dont vous avez le plus grand besoin.

Tout le monde se plaint de ne pas retenir le nom des gens, de ne jamais retrouver son sac ou ses clés de voiture, ou d'oublier sa liste de courses. Ces exemples sollicitent un type de mémoire dit ordinaire.

Mais il existe une autre mémoire, tout aussi importante : la mémoire dite *intelligente*. C'est ce qui fait défaut à ceux qui estiment ne pas réfléchir aussi vite ou aussi bien qu'ils l'aimeraient. À force de voir leurs amis et leur famille bien mieux résoudre leurs problèmes qu'eux-mêmes, ou se montrer plus prompts à saisir une plaisanterie ou le propos général d'une conversation, ils ont le sentiment de toujours avoir « un métro de retard ». Ils se disent : « Pourquoi n'y ai-je pas pensé ? Comment n'ai-je pas vu venir ce problème ? Pourquoi la réponse m'a-t-elle échappé ? Qu'est-ce qui m'a empêché de faire le rapprochement ? »

La mémoire intelligente est le « ciment » de notre pensée – et des éléments de notre mémoire ordinaire. À la fois pensée, ou idée, et processus cognitif, elle nous vaut ce qu'on nomme souvent la pensée critique ou créative. Elle se constitue de trois choses : les éléments de la mémoire ou souvenirs (expérience, information et connaissances) ; les connexions entre ces éléments ; et le processus mental spécifique qui brasse et assemble les éléments et leurs connexions, produisant une pensée plus sophistiquée. À la différence de la mémoire ordinaire, qui faiblit avec l'âge, la mémoire intelligente peut se renforcer au fil des ans et s'enrichir de l'expérience.

La mémoire intelligente a beau intervenir dans tous les aspects de notre vie mentale, on n'y a jamais vu matière à perfectionnement. La plupart des gens s'acharnent à vouloir renforcer leur mémoire ordinaire sans même envisager que leurs défaillances mentales puissent provenir d'une autre source. Cette erreur tient essentiellement au fait que la mémoire intelligente ne correspond pas à ce que le grand public sait de la mémoire et de son fonctionnement. Contrairement à celles de la mémoire ordinaire, les opérations de la mémoire intelligente sont occultes et en général très rapides.

On croit souvent que l'intelligence moyenne d'un individu dépend de sa mémoire ordinaire et, à la première difficulté, on met cela sur le compte d'une « mauvaise mémoire » sans chercher plus loin. En vérité, être capable de se souvenir de faits n'a que peu de rapport avec l'intelligence. Les gens qui en retiennent le plus grand nombre ne sont pas toujours les plus brillants. À l'image de certains autistes, on peut être doté d'une ahurissante mémoire des faits mais d'une très petite intelligence utile. Les vainqueurs des concours de mémoire ne sont pas nécessairement plus malins que les perdants. Et les gens quasiment dépossédés de mémoire ordinaire, comme les véritables amnésiques, n'en conservent pas moins toute leur intelligence.

La mémoire intelligente nourrit votre intelligence. C'est une composante omniprésente et automatique du traitement mental de l'information, la mécanique qui permet de penser « malin ». La mémoire intelligente peut vous rendre malin à bien des égards. Elle peut améliorer toute une série d'activités quotidiennes, qu'il s'agisse de négocier avec votre patron ou de mieux profiter d'un loisir. Une étude sur les parieurs hippiques a montré que l'un des plus performants possédait un niveau éducatif de quatrième et un Q.I. de 92[1*]. Alors qu'il avait probablement vécu une scolarité difficile, il était premier de la classe au champ de courses.

En tant que neurobiologiste, j'ai consacré l'essentiel de ma vie professionnelle à analyser le fonctionnement de notre esprit, ses dysfonctionnements, et les remèdes et progrès possibles. J'ai dédié une part importante de mon travail à la mémoire, notamment pour son rôle crucial dans le fonctionnement de l'esprit. Mon précédent ouvrage, *Memory : Remembering and Forgetting in Everyday Life*, traitait de la mémoire ordinaire et des façons de la perfectionner. Je n'y évoquais que brièvement la mémoire intelligente, sans même la nommer. La plupart de mes patients tenaient la mémoire ordinaire pour la source de leur problème, et c'est elle qui les intéressait. C'est alors que la répartition des rôles entre l'une et l'autre m'est apparue avec une soudaineté que je n'aurais jamais imaginée.

Mon fils, Alex, était né peu avant que je ne me mette à écrire mon précédent ouvrage. Au moment de

---

* Les notes sont regroupées par chapitre en fin d'ouvrage, p. 291.

la parution, Alex aurait dû être un petit garçon normal, mais ça ne s'est pas passé comme ça. Il n'a jamais appris à parler, et il fallait même l'aider à manger. Il a formellement été établi qu'il souffrait d'autisme avec un sévère retard de développement. Aujourd'hui encore, certaines des tâches les plus simples – ramasser un objet au sol en passant sous la table plutôt que par-dessus – représentent un énorme défi pour Alex. Son QI est si faible qu'on peut à peine le mesurer. Il est pourtant capable de manipuler un magnétoscope avec une dextérité de professionnel. Observant Alex et son curieux mélange de faiblesses et de forces, j'en suis venu à me demander pourquoi certaines choses lui étaient si difficiles alors qu'elles nous sont si simples. Comment notre cerveau résout-il ces petits casse-tête ? Pourquoi le sien n'y parvient-il pas ? Et pourquoi pouvait-il accomplir certaines choses bien mieux que moi ?

La réponse concernant Alex vaut pour tout le monde : la mémoire intelligente est ce qui relie l'essentiel de ce qu'on apprend dans la vie. Elle nous aide à rédiger un rapport au travail, à choisir un plan de retraite, à improviser un dîner pour des amis, à convaincre notre fille d'arrêter de fumer, à organiser une fête surprise pour l'anniversaire de notre femme, à négocier un bail de logement et à persuader un gérant de magasin d'accepter un échange d'articles. Elle nous aide à résoudre des problèmes, à voir les différentes perspectives qui se présentent et nous permet une réflexion créative.

Pourquoi se détourner de la mémoire ordinaire au profit de la mémoire intelligente ? Le monde nous demande de raisonner de mieux en mieux. C'est devenu une véritable course intellectuelle, notamment au travail. Déjà, les entretiens d'embauche de certaines entreprises extrêmement compétitives comportent des tests de pensée critique ou créative. Si une partie de ces tests est en rapport avec ce qu'on entend traditionnellement par intelligence, une autre sonde la rapidité et la créativité de la réflexion du candidat. Un chef d'entreprise demande par exemple au candidat de lui enseigner quelque chose qu'il ne sache pas : « Cela me permet de vérifier sa capacité à s'expliquer et à évaluer[2]. » Bon nombre de ces tests exigent des postulants qu'ils sollicitent leur mémoire intelligente.

Et quand ce ne sont pas les entretiens d'embauche, c'est le quotidien qui la met constamment à l'épreuve. La mémoire intelligente nous permet de résoudre les problèmes courants et de bonifier notre savoir, de mieux comprendre et apprécier la littérature, le cinéma, les dessins animés et même la publicité. La mémoire intelligente peut aussi faire naître des idées créatives, qu'il s'agisse d'un simple jeu de mots ou d'une façon originale d'expliquer une procédure complexe. Elle apporte davantage de relief à notre appréciation des gens et des situations. Une mémoire intelligente active pioche dans un ample répertoire les images et idées qui donneront envergure et profondeur à notre vision. Tout paraît plus logique, que ce soient les nuances d'un rapport annuel ou les raisons d'un revers amoureux.

Changer notre façon d'aborder nos problèmes et dilemmes quotidiens n'est pas simple, mais cela peut donner d'étonnants résultats. Nous profitons chaque jour d'une foule d'avantages que nous devons à la mémoire intelligente. Qui, après avoir usé pour la première fois d'une valise à roulettes ou d'un baladeur, bénéficié des avantages d'une livraison sous vingt-quatre heures ou des tarifs fidélité des lignes aériennes, ne s'est jamais demandé : « Pourquoi n'y avais-je pas pensé plus tôt ? » Nous en sommes pourtant quasiment tous capables.

Une bonne idée n'est pas un inexplicable jaillissement d'énergie mentale sur lequel nous n'avons aucun contrôle. Elle n'est pas réservée aux génies. Bien au contraire : la mémoire intelligente est dotée d'outils mentaux qu'il est possible d'acquérir et d'affûter. Elle n'est pas plus établie à la naissance qu'elle n'est immuable. Elle ne cesse de se développer au fil de la vie. Son contenu et sa capacité sont illimités, et elle peut revêtir toute forme ou direction. La biologie établit le point de départ de votre mémoire intelligente, mais c'est vous qui déterminez jusqu'où elle ira. En suivant quelques instructions et avec un peu de pratique, presque tout le monde peut apprendre à mieux réfléchir.

Les pertes de mémoire commencent ordinairement à nous atteindre entre cinquante et soixante ans, nous faisant oublier faits et visages, mais la mémoire intelligente s'améliore avec les années. En nourrissant notre esprit d'expériences et de connaissances, nous accumulons de la mémoire intelligente. Cette accumulation se poursuit tant que nous l'y autorisons : à cinquante, soixante, soixante-dix ans et au-delà.

Plus vous ferez appel à la mémoire intelligente au quotidien, plus vous lui trouverez d'applications et plus elle deviendra polyvalente. Elle se renforce chaque fois qu'on sollicite ses souvenirs et ce qui les relie. À mesure qu'on la développe, la pensée qu'elle produit devient plus accessible. Les bonnes idées jaillissent plus vite.

La mémoire intelligente est la clé de la réussite de beaucoup de monde. Ce n'est pas le seul facteur en jeu – la personnalité et la chance jouent aussi un rôle important – mais c'est le plus important de ceux que nous pouvons influencer.

Cet ouvrage est différent de tout ce que vous avez pu lire sur la mémoire. Il ne vous servira pas au Trivial Pursuit et ne vous aidera pas à retenir le nom de tout le monde dans une soirée, mais plutôt à mieux résoudre vos problèmes quotidiens et à réfléchir mieux et de façon plus créative. J'y ai rassemblé toutes mes observations et j'en ai supprimé tout jargon pour vous montrer ce qu'est une bonne réflexion, et comment la mémoire intelligente peut vous y conduire.

1

Qu'est-ce que la mémoire intelligente ?

Prenez le temps d'observer votre façon de réfléchir. Chaque pensée se constitue de nombreuses étapes. En une fraction de seconde, notre esprit établit entre différents éléments de mémoire une foule de connexions. Quand nous réfléchissons, nous sollicitons deux types de mémoire très distincts. Le premier, celui que tout le monde connaît bien, c'est la mémoire ordinaire. Elle emmagasine les moments, les dates, les lieux, les personnes, les événements et les faits spécifiques. C'est elle que désignent la plupart des gens lorsqu'ils parlent de leur « mémoire », parce qu'il s'agit d'un processus apparent, toujours conscient, aussi bien quand elle fonctionne que – surtout – quand elle ne fonctionne pas. Lorsque nous ne trouvons plus nos clés de voiture, c'est la mémoire ordinaire qui flanche.

Le second type de mémoire, nettement plus important, est appelé *mémoire intelligente*. C'est elle qui contient tout ce que nous savons au sujet de ces clés de voiture, de leur usage, de leur aspect, et de ce à quoi elles peuvent servir d'autre que de faire démarrer une voiture. C'est à la mémoire intelligente, pas à la mémoire ordinaire, que vous faites appel pour lire ces lignes. Votre mémoire intelligente est actuellement en plein travail, elle traduit les signes que vous voyez sur la page en mots reconnaissables, auxquels elle donne leur sens.

La mémoire ordinaire est la remise où nous entreposons les faits, alors que la mémoire intelligente est le domaine des liens et du sens. Autant notre mémoire ordinaire est à la fois consciente et relativement lente – nous ressentons souvent l'effort à fournir pour retrouver un nom ou une date –, autant la mémoire intelligente est rapide, généralement inconsciente, et opère sans effort. Nous lui devons quasiment tout ce que nous faisons de nos sens, de notre esprit et de nos muscles. Mais, plus encore, c'est le moteur qui alimente l'essentiel de notre intelligence. Ce qui lui vaut l'appellation de mémoire intelligente.

Aussi pauvre soit notre mémoire ordinaire, nous sommes tous dotés d'une formidable masse de mémoire intelligente qui nous sert constamment. Contrairement à la mémoire ordinaire, la mémoire intelligente travaille sans que nous ayons à la solliciter ou à l'actionner. Elle fabrique des idées qui jaillissent sans effort. Elle émet réponses et solutions sans qu'il soit besoin d'y réfléchir.

On trouve une parfaite description du champ d'activité mentale que couvre la mémoire intelligente de Sherlock Holmes. Voici le récit que fait le Dr Watson de sa première rencontre avec Holmes :

« "Dr. Watson, Mr. Sherlock Holmes, dit Stamford en nous présentant.

— Comment allez-vous ?" dit-il cordialement.

Il me serra la main avec une vigueur dont je ne l'aurais pas cru capable.

"Vous avez été en Afghanistan, à ce que je vois !

— Comment diable le savez-vous ?" demandai-je avec étonnement.

Holmes répondit :

"… Comme d'habitude, le train de la pensée a traversé mon esprit à si vive allure que je n'ai pas eu conscience de ses étapes. Elles ont pourtant bien toutes été franchies. Tel est l'itinéraire qu'a emprunté mon raisonnement : 'Voici assurément un représentant du corps médical, mais son allure est militaire. C'est donc sans doute qu'il s'agit d'un médecin de l'armée. Il rentre des tropiques, son visage est hâlé, ce qui, ses poignets étant clairs, ne correspond pas au teint naturel de sa peau. Il a subi des épreuves et a été souffrant, son visage hagard en témoigne sans conteste. C'est au bras gauche qu'il a été blessé, puisqu'il le tient de façon raide et forcée. Quelle partie des tropiques pourrait valoir tant d'épreuves et pareille blessure à un docteur de l'armée anglaise ? Forcément l'Afghanistan.' Ce cheminement de la pensée n'a pas pris une seconde[1]." »

En une fraction de seconde, la mémoire intelligente de Holmes a mis son sens de l'observation en éveil, établi des rapprochements, soupesé différentes déductions tirées de ces rapprochements, et trouvé une explication satisfaisant pleinement à tout cela. Cet exemple est certes fictif, mais il nous montre le fonctionnement d'une mémoire intelligente performante – elle observe et réfléchit simultanément, filant si vite parmi souvenirs et pensées qu'elle ne semble laisser aucune trace de ses opérations.

Prendre le relais de la mémoire ordinaire

La mémoire ordinaire de Sherlock Holmes aurait été bien incapable d'accomplir pareil exploit. Elle ne contient que des faits spécifiques, des nouveaux visages, des dates et des heures, elle opère avec lenteur, et exige souvent une bonne dose d'énergie mentale pour faire jaillir un fait ou une idée. Les déductions brillantes de Holmes requièrent la connectivité ultra-rapide propre à la mémoire intelligente.

Voici quelques exemples d'épisodes où, la mémoire ordinaire flanchant ou nous faisant défaut, la mémoire intelligente intervient pour apporter l'idée qui sauvera la situation. Vous comprendrez au fil de la lecture comment s'accomplit concrètement ce tour de passe-passe.

• Vous ne retrouvez pas vos clés de voiture, que vous cherchez partout. Soudain, il vous revient à l'esprit que, des années plus tôt, vous en aviez rangé un double dans une boîte aimantée sous la voiture.
• Vous ne retrouvez pas le nom de la personne qui vous salue dans la rue, mais dès que ses propos laissent entendre qu'elle connaît votre épouse, son nom vous revient d'un coup.
• Arrivé au supermarché, vous avez oublié la liste des courses. Toutefois, parcourant attentivement les rayons du magasin, vous retrouvez tout ce dont vous aviez besoin.
• Vous faites tomber vos lunettes derrière un canapé trop lourd pour être déplacé. Dans un premier temps, vous ne voyez pas comment les extraire de là, puis une idée vous vient : vous

défaites un cintre de fil de fer que vous utilisez pour les repêcher.

• Vous attendez un ami devant un grand magasin. Cet ami vous a dit avoir à faire au cinquième étage. En patientant, vous promenez votre regard au hasard. Vous remarquez que le bâtiment ne compte que quatre étages et comprenez aussitôt que vous avez dû vous tromper d'endroit parce que votre ami devait se rendre au cinquième.

• En plein air avec votre fils, vous cherchez à faire voler son modèle réduit d'avion, mais vous vous y connaissez aussi peu que lui. Vous commencez à désespérer lorsque vous apercevez un autre père et son fils qui se livrent à la même activité un peu plus loin. L'homme dit que les nuages ont l'air de se situer à cinq mille pieds. Vous comprenez qu'il s'y connaît et pourra probablement vous aider, mais votre fils, lui, n'a pas fait le rapprochement.

• Ce dessin vous fait sourire avant même que vous ne sachiez pourquoi :

Comment ça marche

La mémoire intelligente opère pratiquement dans tout. Elle commande nos sens pour nous faire voir, entendre, bouger, sentir et goûter. Elle alimente bon nombre d'aptitudes de notre pensée supérieure, comme la résolution de problèmes, le savoir-vivre ou la créativité. Elle est en général quasiment imperceptible, mais on peut apprendre à distinguer ses opérations. Pour vous donner un aperçu de son fonctionnement, nous commencerons par la façon dont elle reçoit et interprète un concept relativement simple, une image visuelle. Que voyez-vous dans l'image ci-dessous ?

Distinguez-vous le dalmatien qui regarde vers la gauche ? Que vous l'ayez vu tout de suite, ou qu'il vous ait fallu une ou deux secondes, si vous l'avez vu, c'est que les éléments visuels de votre mémoire intelligente vous l'ont permis. L'image n'est qu'un assemblage d'éclaboussures noires et blanches, mais votre mémoire intelligente visuelle les a comparées avec toutes les formes et contours que vous ayez jamais vus. En une fraction de seconde, elle a parcouru les millions d'images de votre mémoire et retrouvé celle qui correspondait le mieux : le dalmatien.

Vous ne verriez pas de dalmatien dans l'image si vous n'en aviez jamais vu auparavant. En revanche, pour peu que vous ayez déjà aperçu un dalmatien, même si vous l'avez oublié, votre mémoire intelligente en possède le souvenir. Parce que la mémoire intelligente « apprend » automatiquement chaque fois qu'elle opère, que ce soit en acquérant une image visuelle, comme le dalmatien, ou en générant des idées complexes. La mémoire intelligente est faite de l'activité des cellules nerveuses et de leurs connexions avec le cerveau, qui s'instruisent un petit peu plus chaque fois qu'elles sont activées. Toute expérience les transforme légèrement et prend place dans la mosaïque des connexions nerveuses qui produisent la mémoire intelligente.

Cette activation des cellules nerveuses, et l'apprentissage qui en découle, peuvent se produire sans la moindre intention de votre part. Bien que vous ne vous soyez jamais employé à mémoriser tous les chiens que vous croisiez, votre cerveau les a automatiquement classés dans sa mémoire intelligente visuelle. De sorte que si vous aviez oublié que Pongo et Perdita sont des personnages des *101 dalmatiens*, l'essence de leur aspect de dalmatien était gravée dans la partie visuelle de votre mémoire intelligente. Une fois cet animal emmagasiné, le processus consistant à associer des éclaboussures sur une page, à les comparer à tout ce qui se trouve en mémoire, pour déterminer que le dalmatien est la meilleure réponse demande moins d'une demi-seconde à la plupart des gens.

L'exemple du dalmatien met en valeur les principales caractéristiques de la mémoire intelligente :

• C'est manifestement une fonction de la mémoire ; l'expérience doit nécessairement se trouver dans l'esprit pour qu'on puisse y accéder ou l'exploiter.
• Elle opère très vite. Ses fonctions de base ne prennent qu'une fraction de seconde.
• De nombreuses parties différentes de la mémoire intelligente peuvent fonctionner simultanément. Certaines bouillonnent jusque dans votre sommeil.
• La mémoire intelligente est constamment en train d'apprendre. Aussitôt qu'elle opère, elle conserve le souvenir de ce qu'elle fait, automatiquement.
• Le plus souvent, on n'est pas conscient de son fonctionnement. On l'est de l'image ou de l'idée qu'elle produit, mais pas du processus qui y a mené.
• On peut sciemment gouverner certaines parties de notre mémoire intelligente et leur faire apprendre ce que l'on veut, de la façon que l'on veut.

Essayons à présent avec l'image de la page 24. Que voyez-vous ?

Bien que pour la plupart des gens le zèbre soit plus difficilement décelable que le dalmatien, il vous a sans doute fallu moins de temps pour le découvrir. Vous n'aviez probablement pas beaucoup d'expérience en matière de scrutation de taches jusqu'ici, mais l'exercice du dalmatien vous a déjà appris à mieux les observer et à raviver davantage d'images visuelles de votre mémoire intelligente. Les opérations mentales nécessaires à l'observation de l'image et à sa comparaison avec celles de votre esprit ont

aussi gagné en efficacité. Votre mémoire intelligente vient de progresser. Sans le moindre effort délibéré de votre part.

Un mécanisme à trois parties

La mémoire intelligente est constituée de trois composantes essentielles : des éléments d'information, les connexions entre ces éléments, et les processus mentaux régissant les premiers et les secondes. (Les processus sont eux-mêmes constitués de ces bases, éléments et connexions.) C'est un peu comme un réseau d'ordinateurs géré par un administrateur qui serait lui-même un ordinateur. Chaque partie du système contient de la mémoire, ce qui lui permet de tirer les enseignements de chaque expérience ou d'apprendre tout ce qu'on lui enseigne.

Notre mémoire intelligente détient beaucoup d'éléments d'information, comme votre image mentale du dalmatien ou du zèbre, et celle de tous les chiens et animaux sauvages que vous ayez jamais vus. Certains sont des faits (« Washington est la capitale des États-Unis »), mais la plupart n'en sont pas ; il s'agit surtout de perceptions et d'images visuelles, comme le toucher du velours ou l'apparence de votre prof d'anglais au lycée. Ce peut être aussi du savoir et des concepts, comme l'honnêteté. Nos aptitudes font également partie des éléments d'information, qu'elles soient aussi simples que tourner une clé dans la serrure ou aussi complexes que faire du vélo, du billard ou du golf.

Les connexions entre éléments d'information constituent des réseaux denses pour former des notions complexes. Nous sommes dotés par exemple d'une connexion entre le son du mot « cerveau » et les lettres C-E-R-V-E-A-U. Et d'une autre connexion entre ce que détectent nos sens – un museau froid, une langue haletante, une queue qui s'agite – et certains concepts – l'image mentale d'un chien impatient. Un sapin, une barbe blanche et une guirlande produisent pareillement la notion de Noël. Toutes ces connexions ont été acquises. On y a été exposé une première fois, alors qu'elles nous étaient nouvelles, mais aussitôt apprises, elles ont intégré notre mémoire intelligente.

À chaque instant, la plupart des éléments d'information contenus dans notre tête et leurs connexions sont au repos. À la façon d'un ordinateur éteint, une partie de notre mémoire est en veille. Avant que vous n'ayez vu l'image du dalmatien, c'était probablement le cas de toutes vos informations concernant les chiens. Mais si quelque chose déclenche ces éléments et connexions dormants – comme la vue d'une image s'y rapportant – ils s'activent et déclenchent alors d'autres éléments par l'intermédiaire de leurs connexions dans la mémoire intelligente. Cette activation peut être automatique et se produire de façon autonome. Si vous avez reconnu le dalmatien dès que vous avez posé le regard sur le papier, c'est qu'un flux d'activation est parti dans la bonne direction, et a déclenché l'apparition dans votre esprit de l'image d'un dalmatien.

Lors de cette succession de mises en éveil, la troisième partie de votre mémoire intelligente – l'administrateur du traitement des informations – n'a rien eu à faire. En revanche, s'il vous a fallu quelques secondes pour identifier le dalmatien, c'est que l'administrateur a été sollicité. Constatant qu'aucune connexion n'aboutissait, il a entrepris d'orchestrer l'activation des éléments et le flux d'information. Il a travaillé si dur que vous avez sans doute eu la sensation de « fouiller » votre mémoire. Cette sensation était produite par l'administrateur déterminant quelles parties de votre mémoire avaient déjà été fouillées et vérifiant si cette recherche avait été fructueuse. Si tel était le cas, il a alors pris la peine de graver le résultat dans votre mémoire.

Pour comprendre le fonctionnement de la mémoire intelligente, on peut aussi avoir recours à l'image des points qu'on relie pour former un dessin. Les points seraient les éléments d'information ou les idées, et les lignes vos connexions ou associations. Ces lignes peuvent composer de plus gros paquets, qui peuvent à leur tour s'assembler pour constituer une pensée complète. Cette pensée peut être une image visuelle, un élément de connaissance, une idée, ou même la solution d'un problème.

Les éléments individuels, leurs connexions, et le processus mental qui les orchestre fonctionnent généralement de concert, ce qui leur donne l'apparence d'un fait cognitif unique. C'est ce qu'il advient lorsque des idées ou des concepts vous « jaillissent » à l'esprit. Votre aptitude à lire ces lignes nous en fournit un bon exemple. Quand, petit enfant, vous ne saviez pas encore lire, vous ne faisiez pas de différence entre caractères occidentaux et cyrilliques. Il vous a fallu apprendre le sens des lignes constituant chaque lettre, puis reconnaître chaque groupe de lignes jusqu'à ce que ça devienne un schéma familier. À présent, non seulement plusieurs lignes sont moulées en un élément individuel, que vous identifiez comme une lettre, mais des ensembles de lettres sont à leur tour devenus des éléments à part entière – des mots – dans la mémoire intelligente. Et si vous êtes un lecteur chevronné, certains ensembles de mots sont eux-mêmes devenus porteurs de sens : « Il y a quatre-vingt-sept ans de cela », « C'était par une nuit sombre et orageuse », « Le chien a mangé mes devoirs », « Le chèque est au courrier ».

Chaque combinaison d'éléments et de connexions et le processus qui les associe fonctionnent comme un cerveau miniature au sein de notre esprit. Ces « mini-esprits » sont capables de réfléchir par eux-mêmes, très rapidement et généralement au-dessous du seuil de notre conscience. Plusieurs de ces mini-esprits peuvent simultanément s'activer dans le cerveau, que ce soit pour superviser une activité ou prendre des décisions. Les mini-esprits propres à la lecture, par exemple, nous fournissent très vite le sens des mots, des phrases et des paragraphes. Les mini-esprits de Sherlock Holmes ont traité de grandes quantités d'information pour livrer une déduction relative à la signification de l'apparence de Watson. Les mini-esprits démultiplient la puissance de notre esprit conscient, lui-même peu ou prou limité à une pensée à la fois.

Ce traitement mental de l'information fabrique des paquets de perceptions complexes, d'idées et d'aptitudes dans notre mémoire intelligente. Ne l'oubliez pas, elle retient tout ! Tout nouvel arrangement, toute nouvelle disposition des éléments et de leurs connexions étend et renforce notre mémoire intelligente : elle l'étend parce qu'un nouveau concept s'est ajouté à notre outillage mental ; elle la renforce parce que des éléments autrefois dissociés constituent à présent une idée particulière, distincte, disponible à tout moment.

Mieux réfléchir

La mémoire intelligente réfléchit d'elle-même, automatiquement. On peut toutefois en prendre le contrôle pour lui offrir un fonctionnement encore meilleur. Se bourrer l'esprit d'une multitude de faits peut se révéler utile à la mémoire ordinaire, mais ça n'apporte pas grand-chose à la mémoire intelligente. Le meilleur moyen de perfectionner cette dernière consiste à renforcer les processus mentaux qui la gèrent. Ces processus sont l'attention, le rangement des souvenirs ou des éléments, l'établissement des connexions, la capacité à retrouver les souvenirs ou éléments opportuns, et l'aptitude à harmoniser l'ensemble du système par la vérification progressive des résultats.

Puisque la mémoire intelligente apprend automatiquement, il n'y a aucune raison de souffrir en la faisant travailler – c'est même plutôt divertissant. Lorsqu'on pense avec lenteur ou qu'on produit des idées médiocres, c'est souvent parce qu'on n'a pas correctement joué de sa mémoire intelligente. On a négligé les activités mentales qui sont la gymnastique de la mémoire. Les bons penseurs ne dédaignent jamais ces exercices mentaux. C'est un peu comme ce qui sépare les sportifs professionnels des amateurs. Le nageur occasionnel ne s'attarde que rarement sur les différentes parties du mouvement qui le conduit d'un bord à l'autre de la piscine. Le professionnel, lui, décompose mentalement les éléments fondamentaux de chaque geste – haussement de l'épaule, saisie, tiré, et rotation de la hanche – et surveille sa façon de les exécuter alors même qu'il nage. Il peut ainsi perfectionner chaque mouvement, qui s'enchaînera aux autres.

Pour revenir aux quelques exemples proposés plus haut, nous voyons mieux à présent qu'une mémoire intelligente affûtée a inconsciemment fait le lien entre, par exemple, la clé introuvable et son double caché si longtemps auparavant. La mémoire intelligente a saisi les détails de la conversation dans la rue pour faire le rapprochement entre l'épouse et l'inconnu. Au supermarché, la mémoire intelligente a été déclenchée par la vision des produits en rayon.

Comme le souligne Holmes, c'est la pratique qui a doté sa mémoire intelligente de tant de rapidité, de fluidité et d'assurance. Le premier pas vers le perfectionnement de votre mémoire intelligente consiste à mieux en comprendre le fonctionnement pour identifier les points qui chez vous ne fonctionnent pas aussi bien qu'ils le pourraient. Dans le prochain chapitre, nous allons vous fournir l'occasion de ressentir votre propre mémoire intelligente et de la mettre à l'épreuve.

2

Testez votre mémoire intelligente

À plein régime, la mémoire intelligente est plus rapide que la conscience. Les connexions s'établissent très vite d'une idée à l'autre. La lumière qui jaillit soudain – l'eurêka ! – est l'aboutissement d'une succession de connexions. La mémoire intelligente opère et apprend si vite, si discrètement qu'elle est difficilement observable en action, en particulier sur soi-même. Aussi, pour vous permettre d'y parvenir malgré tout, nous aurons recours à quelques astuces.

La première sera de vous soumettre des questions ou des problèmes qui, nous l'espérons, seront totalement nouveaux pour vous. Nous pourrons ainsi contraindre votre mémoire intelligente à piétiner et à chercher à se dérober. À force de se débattre, elle finira par s'épuiser et ralentira peut-être suffisamment pour vous permettre de l'observer au travail. L'autre astuce consistera à retourner la vitesse de la mémoire intelligente contre elle-même. Nous allons vous soumettre des problèmes qui mettront votre mémoire intelligente dans l'impasse, la contraignant à brusquement virer de bord, voire à provoquer la collision de deux cheminements de pensée.

Ce test n'aura rien d'angoissant. Cela devrait même vous divertir, puisqu'il recourt aux ficelles bien connues des comiques, des créateurs de dessins animés et des meilleurs humoristes. Robin Williams, par exemple, n'a pas son pareil pour s'emparer de nos pensées, les tordre et les entrechoquer. Le choc des idées et des impressions peut être très drôle, et nous croyons que certains de nos exercices le seront également. En outre, la collision de pensées dans la mémoire intelligente peut aussi faire jaillir des idées créatives. Songez à Salvador Dalí ou Andy Warhol. Alors, ne soyez pas surpris si à la suite du test vous vous sentez réellement inspiré.

Certaines questions pourront paraître insolubles et d'autres très simples. Mais là où une personne verra sa mémoire intelligente résoudre automatiquement un problème, une autre sera brièvement désarçonnée et une troisième totalement confondue. Vous souvenez-vous du dalmatien ? Sachez que certains ne parviennent jamais à le voir. Ça peut même devenir pour eux un véritable casse-tête. Ne désespérez pas pour autant, il y a de bonnes chances pour que les réponses à beaucoup de ces questions vous soient évidentes.

Ces tests vous indiqueront les domaines où vous êtes doté de mémoire intelligente et ceux où vous l'êtes moins. Nous détaillerons ce que chaque question est censée révéler de votre mémoire intelligente et de ses opérations. La plus simple des vignettes ou des plaisanteries supposant des dizaines, parfois des centaines d'opérations de la mémoire intelligente, nous nous en tiendrons aux éléments saillants de ce qui se produit, ou devrait se produire dans votre esprit lorsqu'il est confronté à chaque question.

Ces questions ont été conçues pour mettre en relief les processus mentaux universels indispensables à une mémoire intelligente efficace : l'attention, le développement de son « bloc-notes » de mémoire (temporaire), le classement des souvenirs, l'établissement des connexions, l'aptitude à retrouver des souvenirs et à orchestrer les pensées. Toutefois, comme vous le constaterez, aucune question ne saurait concerner qu'un seul de ces processus. Il est par exemple impossible d'engager son attention visuelle sans que le cerveau établisse de liens entre des éléments déjà emmagasinés. Mais ce test vous fournira néanmoins une évaluation utile de vos forces et faiblesses. Ayez conscience que des pans entiers de la mémoire intelligente ne peuvent pas être testés par le truchement d'un livre. Que vous possédiez un bon instinct au tennis, que vous soyez un musicien-né, un formidable peintre ou un menuisier particulièrement doué, ces aptitudes n'entreront probablement pas en jeu ici, mais elles répondent aux mêmes principes généraux.

Nous avons élaboré un système d'évaluation simple et unique qui nous permettra de juger de l'usage que vous faites, ou pas, de votre mémoire intelligente :

A. Entourez la lettre A si vous trouvez la réponse instantanément et sans réfléchir. Une réponse rapide est le signe certain d'une activité de la mémoire intelligente. La connexion, ou la collision des pensées, s'est faite immédiatement.

B. Entourez le B s'il vous a fallu quelques secondes pour trouver. Votre mémoire intelligente n'ayant pas fourni de réponse assez rapide, votre réflexion ordinaire a dû prendre le relais, le temps que votre mémoire intelligente se débloque.

C. Quelle réponse ? De quoi parlez-vous ? Automatique ou conscient, aucun déclic ne se produit. Si c'est le cas, entourez le C. La mémoire intelligente requise pour cette question spécifique est peut-être hors de votre champ d'expérience, d'intérêt ou de pensée.

Prêt ?

L'attention

1. Qu'est-ce qui retient votre attention dans ce dessin ?

A. J'ai trouvé tout de suite.	B. Il m'a fallu quelques secondes.	C. Quoi ?

Ici, vous ne saviez pas ce que vous cherchiez, mais votre mémoire intelligente a guidé vos yeux. (Avez-vous repéré le visage grimaçant ?)

L'attention est un élément déterminant pour l'ensemble de la mémoire. Elle va de pair avec l'apprentissage. Plus on est attentif, mieux on apprend ; et, plus on reconnaît de choses familières, mieux notre mémoire intelligente peut repérer ce qui ne l'est pas. La tâche pourrait se révéler ardue, mais votre mémoire intelligente a pu vous la simplifier parce qu'elle remarque certaines choses alors même que vos pensées délibérées sont ailleurs. Elle emploie une forme d'attention automatique, inconsciente. Pour peu que certaines informations y soient préalablement stockées, comme le visage souriant du « smiley », elle les consulte automatiquement. L'unique visage renfrogné ressort alors du lot sans que vous ayez à les passer individuellement en revue.

2. Watson et Sherlock Holmes s'en vont camper. Une fois leur tente plantée, ils se couchent. Au milieu de la nuit, Holmes réveille Watson : « Regardez les étoiles, et dites-moi quelles déductions elles vous inspirent. »

Watson prend le temps de contempler le ciel. « Je vois des millions d'étoiles, répond-il. Et même si quelques-unes seulement sont accompagnées de planètes, et si une infime partie de ces planètes ressemblent à la Terre, il y a forcément de la vie quelque part là-haut. Voilà ce que je déduis. »

Atterré, Holmes le regarde et s'exclame…

A. J'ai trouvé tout de suite.	B. Il m'a fallu quelques secondes.	C. Quoi ?

Ce que Holmes dit, c'est : « Watson, bougre d'âne ! On nous a volé notre tente ! » Watson n'avait pas vraiment tort, il était seulement à côté de l'essentiel. Son discours était plausible, mais résultait d'un autre jeu de connexions que celles établies par Holmes. À la différence de ce dernier, Watson n'a pas associé le fait de pouvoir voir les étoiles à l'absence de la tente et au fait que cette absence ne pouvait être due qu'à un voleur[1].

Tout élément d'information – comme la possibilité de regarder les étoiles – possède de multiples connexions pertinentes. L'attention intelligente consiste à pouvoir identifier laquelle l'est *le plus* à un moment donné, et cette aptitude dépend de l'expérience préalable, du degré d'attention et des expectatives. La déduction de Holmes était à la fois la plus pertinente et la plus pratique : on nous a volé la tente. Les remarques moins pertinentes de Watson obéissaient à son désir d'en imposer, et peut-être aussi d'une certaine façon à sa formation scientifique, qui lui a quelque peu occulté le crime aveuglant, lequel n'a pas échappé à Holmes. La leçon que nous tirerons de cela est qu'il faut marquer un temps avant d'extrapoler sur ce que notre attention met en évidence.

3. Observez ce dessin. Voyez-vous les visages ?

A. J'ai trouvé tout de suite.	B. Il m'a fallu quelques secondes.	C. Quoi ?

Déceler l'homme et la femme ici dissimulés sollicite l'aptitude de votre esprit à garder des options ouvertes de façon à pouvoir envisager toute éventualité. Pour voir ces visages, il ne faut pas seulement être attentif aux détails opportuns mais aussi laisser son imagination travailler à différents niveaux. Le visage de l'homme apparaît derrière la fenêtre, tourné vers la droite. (Vous le verrez plus facilement en inclinant légèrement le dessin à droite.) Celui de la femme, sensiblement plus petit, pointe sous les fougères.

4. Est-il convenable qu'un homme épouse la sœur de sa veuve ?

A. J'ai trouvé tout de suite.	B. Il m'a fallu quelques secondes.	C. Quoi ?

Ce test révèle le degré d'attention que vous prêtez aux mots et à leur sens. Il demande une lecture attentive. Un survol trop rapide des mots produit souvent une mauvaise réponse – bien sûr, un homme doit pouvoir épouser la sœur de sa femme défunte. Une lecture plus rigoureuse laisse pourtant apparaître qu'il est question de la sœur de sa propre « veuve », ce qui signifie que l'homme lui-même est mort. La question n'avait donc aucun sens.

Le plus souvent, nous n'avons pas besoin d'être très attentif à chaque mot et à son sens précis. Dans l'essentiel de nos conversations courantes, leur signification est automatiquement comprise par notre cerveau. Et nous pouvons toujours compter sur une bonne part de contexte et de redondance pour nous faciliter la compréhension de ce qui est signifié, même si un mot nous a échappé ou qu'on l'ait pris pour un autre. Ce type d'exercice exige une observation plus stricte des termes employés. Pour s'assurer que tout fait sens, il faut donc se montrer plus concentré et convoquer toutes ses facultés d'attention.

Le bloc-notes de mémoire

1. Lisez le passage suivant puis répondez à la question. Une autre question vous sera posée plus tard à ce sujet.

Océana est un petit pays enneigé, réputé pour ses grands groupes d'élans et sa côte rocheuse. Il exporte principalement des objets en cuir, notamment de petites bottes fourrées de charmante confection, mais aussi d'exquises bernicles. Les habitants consacrent leur vie entière au ramassage de ces bernicles, labeur qui les contraint à se tenir constamment penchés. Leur dos est d'ailleurs devenu si courbé que l'Océanais moyen mesure moins d'un mètre cinquante-cinq.

Laquelle des assertions suivantes est la plus vraisemblable ?
Les Océanais apprécient les pique-niques.
Les Océanais souffrent de fréquentes douleurs de dos.
Les Océanais sont de bons cavaliers.

Les Océanais portent des bottes fourrées.

A. J'ai trouvé tout de suite.	B. Il m'a fallu quelques secondes.	C. Quoi ?

Cet exercice sollicite votre bloc-notes de mémoire, également connu sous le nom de mémoire de travail, ou à court terme. C'est la mémoire temporaire que nous employons pour franchir les étapes ordinaires de la journée ; elle conserve des éléments d'information individuels et précieux – l'endroit où vous avez posé votre tasse de café, le numéro de téléphone qu'on vient de vous donner. Ce bloc-notes est relativement petit, puisqu'il ne peut retenir qu'environ sept gros blocs d'information à la fois et qu'il se remet constamment à jour en supprimant certains éléments ou en les transférant dans la mémoire à long terme pour faire de la place. Il joue donc assurément un rôle important pour la mémoire ordinaire, mais c'est la mémoire intelligente qui en fait le meilleur usage – elle utilise les informations qu'il contient pour tirer des conclusions ou produire des inférences.

Ici, il fallait retenir certains faits exposés et en tirer la meilleure conclusion possible : « Les Océanais portent des bottes fourrées. » L'assertion sur les douleurs dorsales a été délibérément incluse pour brouiller les pistes – elle titille votre mémoire et déclenche une réponse, mais ça n'est pas la meilleure.

Le plus important quant à votre réponse, c'est le temps qu'elle vous a demandé et l'endroit d'où elle vous est venue. Si vous avez trouvé rapidement, c'est que vous avez puisé les informations dans votre bloc-notes et que vous en avez tiré une réponse par l'inter-médiaire de votre mémoire intelligente. C'est bien ! C'est la voie la plus efficace. S'il vous a fallu davan-tage de temps, ou si vous avez dû revenir au texte et relire les assertions, c'est que votre bloc-notes a loupé le coche. Ce n'est pas forcément problémati-que, mais cela devrait vous inviter à envisager de développer votre bloc-notes, parce que c'est un élé-ment précieux dans beaucoup d'applications de votre esprit. Si, malgré votre connaissance de tous les faits, vous n'avez pas trouvé la réponse, il faudra travailler sur la capacité de votre mémoire intelligente à pro-duire des inférences et à évaluer les réponses.

2. Qu'ont en commun trois de ces éléments ?

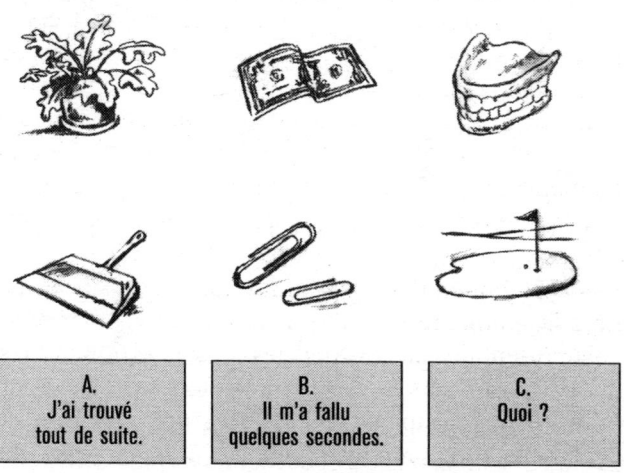

| A. J'ai trouvé tout de suite. | B. Il m'a fallu quelques secondes. | C. Quoi ? |

Cette question évalue l'aptitude de votre mémoire intelligente à déceler les connexions. Elle n'a pas de réponse unique. Trois de ces objets sont verts. L'aviez-vous vu ? Peut-être avez-vous associé certains dessins en imaginant un riche golfeur perdant ses dents. Ou qu'il fallait ramasser le sable et les trombones avec la pelle, après avoir déplacé la plante verte et déposé le billet. (D'accord, ça fait cinq éléments.) L'important est de savoir à quelle vitesse vous établissez ces connexions et avec quelle dose de créativité, car cela en dit long sur le fonctionnement des différentes parties de votre mémoire intelligente.

Pour trouver les liens possibles entre trois de ces éléments, votre mémoire intelligente a dû activer les différentes caractéristiques de chacun et les maintenir dans le bloc-notes, le temps d'identifier celles qui sont communes. Ce faisant, elle a dû rejeter les caractéristiques ne correspondant qu'à deux éléments puisqu'il vous en fallait trois. La tâche paraît considérable ; elle l'est. Une seconde suffit pourtant à la plupart d'entre nous pour la mener à bien. Non seulement le traitement s'opère rapidement, mais plusieurs pistes sont suivies à la fois.

Cela aurait été encore plus vite si les six éléments avaient déjà tous été présents dans votre bloc-notes. Et le test aura sans doute paru plus facile aux personnes exercées, comme le sont les artistes visuels, dont la mémoire intelligente visuelle est déjà développée. Les autres ont dû composer avec un bloc-notes visuel plus restreint.

Il vous était demandé de produire des associations à partir des détails du dessin. Combien en avez-vous trouvé ? Étaient-elles évidentes ? Ou plutôt bizarres ? Les associations bizarres peuvent aussi bien se révéler très créatives que simplement rester bizarres. Ici, cela importait peu, car l'essentiel était de trouver des points communs à trois des éléments présentés. Mais s'il s'était agi de créer une œuvre d'art, vous auriez tenu à ce que le public puisse partager ces associations.

Le processus peut être automatique, ou intention-nel, ou un peu des deux. S'il a été intentionnel, vous avez soumis vos propres pensées à examen, vérifié qu'elles répondaient bien à la question posée, puis, si ce n'était pas le cas, vous les avez chassées. C'est l'administrateur du traitement de la mémoire qui a œuvré, volontairement et de façon relativement lente, parce que les connexions automatiques ne s'étaient pas faites. Avec le temps et la pratique, l'administrateur peut apprendre à automatiser certaines connexions, qui vous permettront de passer en pilotage automati-que la fois suivante.

3. Cette question est semblable à la précédente. Pouvez-vous désigner trois objets présentant un point commun ?

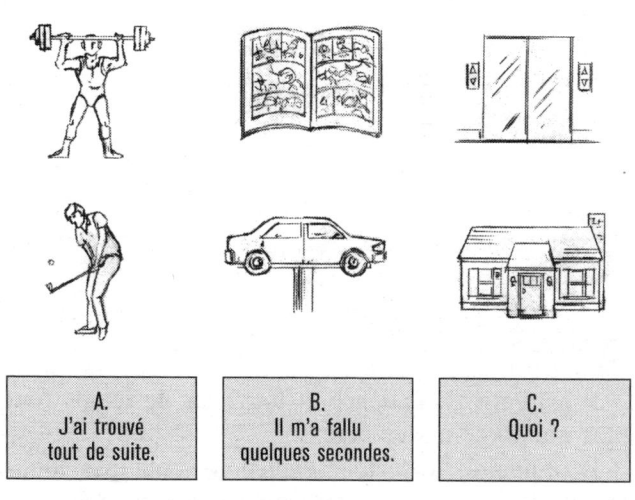

On peut répondre que l'ascenseur, la voiture et la maison sont dotés de portes et qu'ils ont la capacité de contenir des gens. Ou que l'haltérophile, l'ascenseur et le pont élévateur soulèvent des choses. On pourrait trouver d'autres points communs encore. Tous sont valables.

Cette question vous contraint à conserver les éléments en mémoire, activer leurs connexions, et identifier celles reliant trois d'entre eux. Cette identification est parfois automatique, mais vous avez peut-être dû faire appel à votre administrateur de traitement de la mémoire. La différence entre cette question et la précédente tient au fait que vous étiez averti. Chaque partie de votre mémoire intelligente ayant tiré des enseignements de l'exercice précédent, l'ensemble devrait avoir un peu mieux fonctionné. Il vous a sans doute été plus facile de dénicher les points communs. Cela témoigne bien de la façon dont votre mémoire intelligente se perfectionne.

4. Combien de temps vous faut-il pour lire et comprendre ceci ?

PATIENCE ET LONGUEUR DE TEMPS
FONT PLUS QUE FORCE NI QUE RAGE

A. J'ai trouvé tout de suite.	B. Il m'a fallu quelques secondes.	C. Quoi ?

Il est écrit : « Patience et longueur de temps font plus que force ni que rage. »

D'ordinaire, le lecteur exercé ne bute pas longtemps sur une typographie quelque peu inhabituelle. Son esprit procède à de rapides ajustements lui permettant de toutes les déchiffrer. Cet apprentissage relève de la mémoire intelligente. Plus une typographie vous est étrangère, plus longue sera son acquisition, plus lent l'ajustement correctif de votre esprit. Et lorsque la traduction est lente, le sens des mots parvient moins vite au bloc-notes.

Le bloc-notes retient temporairement le sens de chaque mot déchiffré pour vous permettre de comprendre l'ensemble de la phrase. Lorsque la lecture est trop lente, le bloc-notes peut s'être dissipé au moment où vous atteignez la fin de la phrase, ce qui en complique la compréhension. Cela ressemble-t-il à ce que vous avez ressenti ? La vitesse à laquelle vous avez lu la phrase témoigne du bon fonctionnement de votre mémoire intelligente. Le moment où vous en avez compris le sens, même si vous vous débattiez encore avec la lecture, donne une indication sur le fonctionnement de votre bloc-notes.

Cet exercice nous fournit aussi un exemple de la façon dont une partie de la mémoire intelligente en compense une autre. Mieux vous comprenez les mots, mieux votre bloc-notes fonctionne, et moins vous avez dépendu du déchiffrage de chaque mot. C'est ainsi qu'un dyslexique parvient à compenser sa difficulté à lire chaque mot. Inversement, mieux vous déchiffrez les mots individuellement, moins vous astreignez votre bloc-notes ou votre intuition à deviner leur sens en groupe. Les lecteurs assidus sont en général très performants à chaque étape du processus : décodage des mots, bloc-notes, intuition du sens général.

Voulez-vous voir si votre mémoire intelligente vient d'apprendre quelque chose ? Lisez ceci :

L'OMBRELLE NOUS VIENT DE L'ÉGYPTE ANCIENNE, OÙ LES MEMBRES DE LA

FAMILLE ROYALE ET LES NOBLES
L'ARBORAIENT COMME UN SIGNE
DISTINCTIF. SON USAGE CONTRE LA
PLUIE N'EST VENU QUE BIEN PLUS
TARD

C'est la même typographie, mais elle vous est à présent plus familière. Il est écrit : « L'ombrelle nous vient de l'Égypte ancienne, où les membres de la famille royale et les nobles l'arboraient comme un signe distinctif. Son usage contre la pluie n'est venu que bien plus tard. » Vous l'avez sans doute lu un peu plus vite cette fois, et avec moins d'effort parce que votre mémoire intelligente a appris à le lire. Du coup, comprenant mieux chaque élément de la phrase, vous en êtes plus directement venu à son sens général.

Stockage de la mémoire

1. Sans retourner à la description d'Océana, seriez-vous en mesure de dire laquelle des assertions suivantes est la plus vraisemblable ?

Il fait froid à Océana.

Les Océanais vivent vieux.

On trouve à Océana davantage d'élans que d'humains.

Les Océanais adorent cuisiner.

A. J'ai trouvé tout de suite.	B. Il m'a fallu quelques secondes.	C. Quoi ?

La réponse la plus plausible était « Il fait froid à Océana », mais il n'était pas déraisonnable de supposer qu'on « trouve à Océana davantage d'élans que d'humains ». La pertinence et la rapidité de votre réponse sont très révélatrices quant à votre mémoire intelligente. La description d'Océana ne contenant explicitement aucune des réponses possibles, il fallait broder à partir du fait qu'Océana est enneigé et qu'on y trouve de grands groupes d'élans. Simultanément, il fallait rejeter les réponses erronées. Il a bien été question de vies entières, mais pas au sens de l'espérance de vie des Océanais. Et la cuisine n'était nullement mentionnée. Il fallait non seulement se souvenir de ce qui avait été dit d'Océana, mais aussi en déduire ce qui ne l'avait pas été.

Si les réponses proposées n'avaient concerné que des éléments explicitement mentionnés, et sachant que vous aviez été prévenu de cette interrogation, cette question aurait plutôt servi à tester votre mémoire ordinaire. Mais il s'agissait en fait d'évaluer ce que votre mémoire intelligente avait appris de la question préalable.

C'était aussi une évaluation de votre capacité à faire des associations. Vous aviez peut-être pensé au froid en lisant qu'Océana était enneigé. C'est un rapprochement naturel, et votre mémoire intelligente l'aura alors classé comme élément du réseau des inférences liées à Océana. Si tel était le cas, vous avez pu donner une réponse rapide parce qu'elle se trouvait déjà dans votre tête. Autrement, chacune des quatre propositions aura constitué pour votre mémoire intelligente le point de départ d'une recherche. Cela peut avoir été automatique : le mot « froid » peut avoir ravivé le souvenir d'un Océana enneigé. Les autres propositions n'auront pas déclenché grand-chose, voire rien du tout. Et votre réponse aura également été rapide.

Mais il se peut encore qu'aucune des réponses proposées n'ait déclenché de pensée sur Océana. C'est alors votre administrateur de traitement de la mémoire qui a conduit la recherche. Plutôt que de chercher à retrouver le sens de ce que vous aviez lu, il a peut-être orienté votre mémoire vers les mots que vous aviez vus, ce qui est une démarche assez lente. Vous avez peut-être quand même trouvé la bonne réponse, mais le processus aura été plus laborieux que si votre mémoire intelligente s'en était chargée.

2. Que lisez-vous ci-dessous ?

« Comans lé jan liz thiels lé mo nouvo ? »

A. J'ai trouvé tout de suite.	B. Il m'a fallu quelques secondes.	C. Quoi ?

Cette question vous contraint à reprogrammer le cheminement de votre mémoire intelligente à la lecture. Les lettres et leurs combinaisons sont familières, mais pas les « mots ». Incapable d'en trouver le sens dans votre dictionnaire interne, il vous a fallu les prononcer mentalement. Ce n'est pas commode. Pour chaque mot, votre mémoire intelligente a dû trouver les sons que peut donner chaque lettre ou chaque combinaison de lettres, puis les mots réels correspondant à ce groupe de sons. Il a fallu ignorer les fausses pistes (le « s » de « comans » est muet, et « thiels » peut se prononcer de plusieurs façons), et une fois que votre mémoire intelligente vous a soumis le son de chaque mot, il a fallu l'écouter pour entendre ce qu'il signifiait.

Ce processus de perception/traduction est un terrain d'excellence pour la mémoire intelligente. Elle excelle aussi dans sa manière de conduire plusieurs processus en parallèle, simultanément, sans presque que vous vous en rendiez compte.

Pour comprendre cette phrase (« Comment les gens lisent-ils les mots nouveaux ? »), il a fallu modifier votre manière de lire et de retenir. Les lecteurs chevronnés lisent généralement pour le sens et peuvent se passer d'« entendre » le son des mots. C'est le mode de lecture le plus rapide. Lorsque vous étiez enfant, et que vous commenciez tout juste à lire, vous compreniez les mots lorsqu'ils étaient prononcés, mais tous ces hiéroglyphes sur le papier vous donnaient bien du mal. On vous a probablement d'abord enseigné à les déchiffrer par le son des lettres (« B » se prononce « bé »). Vous vous êtes entendu parler et avez commencé à déduire le sens à partir de là. Vous avez pu constater alors que le français n'est pas très à cheval sur la correspondance des sons avec leur orthographe (essayez donc de prononcer littéralement « yacht »). Se parler à mesure qu'on lit est un procédé relativement lent. Et nous n'avons que rarement l'occasion d'entendre prononcée une part importante des mots que nous lisons. Aussi, au fil des ans, apprend-on à directement lire les symboles pour leur sens. Que ce soit en français ou en chinois, la mémoire intelligente du lecteur exercé a intégré toutes les combinaisons et les pièges, ce qui lui permet d'opérer rapidement, sans effort et le plus souvent de façon inconsciente.

La petite re-programmation nécessaire pour vous faire passer de l'interprétation du sens des mots à la prononciation des syllabes a été l'œuvre de l'administrateur du traitement de la mémoire. C'est lui qui vous a sans doute fait ressentir une certaine frustration à la première lecture. Combien de temps lui a-t-il fallu pour reprogrammer votre mode de lecture ? Avez-vous été capable de prononcer ces « mots » ? À quel moment votre lecture s'est-elle fluidifiée ? Ce sont là autant de signes du fonctionnement de différentes parties de la mémoire intelligente. Et, aussi mauvais qu'aient été vos résultats, le simple fait de se livrer à cet exercice vous a déjà fait progresser[2].

3. « Marseille, c'est Paris avec le climat de Calcutta. »

A. J'ai trouvé tout de suite.	B. Il m'a fallu quelques secondes.	C. Quoi ?

Pour relever l'humour de cette analogie, il fallait activer toute une gamme de souvenirs emmagasinés et puiser dans ceux concernant les villes – Paris est grande, vibrante, réputée pour son animation, et Calcutta est chaude, surpeuplée et humide. Comparer une ville à un sauna lui retire inévitablement beaucoup de charme. Alors, si c'est le cas de Marseille, le compliment est pour le moins ambigu. La phrase peut encore prendre un tour légèrement plus humoristique si elle est prononcée par un Marseillais.

À présent que vous êtes échauffé, vous devriez mieux apprécier les descriptions suivantes :

Phoenix, Arizona : « Une oasis de laideur au beau milieu d'un splendide terrain vague » (Edward Abbey).

Washington : « Une ville qui associe l'efficacité du Sud au charme du Nord » (John F. Kennedy).

4. Lisez attentivement les faits suivants :
Stéphane est en dernière année de faculté.
Stéphane est entré en faculté à 15 ans.
Stéphane a reçu quinze propositions d'emploi.

Comment qualifieriez-vous la moyenne générale de Stéphane ?
Mauvaise
Médiocre
Passable
Bonne
Excellente

A. J'ai trouvé tout de suite.	B. Il m'a fallu quelques secondes.	C. Quoi ?

Pour trouver la meilleure réponse – la moyenne de Stéphane est excellente – il fallait classer vos informations de base sur Stéphane, les associer à vos propres souvenirs d'études, de moyennes, de recherche d'emploi, puis en tirer une conclusion. Vous avez ainsi ravivé entre autres le souvenir de ce qu'est une moyenne, la conscience qu'il est rare d'entrer à l'université à quinze ans et exceptionnel de recevoir quinze propositions d'emploi. Il fallait ensuite associer ces souvenirs entre eux pour trouver leur facteur commun, à savoir que Stéphane doit être intelligent, et qu'il a probablement obtenu d'excellentes notes.

Les connexions

1. Que voyez-vous ?

A. J'ai trouvé tout de suite.	B. Il m'a fallu quelques secondes.	C. Quoi ?

Évidemment, pas plus la main, que vous avez sans doute vue, que la pomme qu'elle tient ne figurent dans le dessin. La « main » n'est qu'un assemblage de formes et la « pomme » est surtout constituée de vide. C'est votre mémoire intelligente qui les crée, en établissant des connexions entre ces formes. Vous avez probablement déjà ressenti cela tout à l'heure avec le dalmatien. Cette reconnaissance des formes – l'association de formes familières et, plus généralement, d'idées – est l'une des qualités les plus précieuses et utiles de la mémoire intelligente. Lorsqu'elle fait défaut, les idées ne s'enchaînent pas, les réseaux ne se constituent pas et les activations ne peuvent se produire.

2. Que voyez-vous ici ?

A. J'ai trouvé tout de suite.	B. Il m'a fallu quelques secondes.	C. Quoi ?

Si vous avez simultanément reconnu l'éléphant et repéré son pied postérieur, c'est que votre mémoire intelligente a procédé à une succession de connexions subtiles et de distinctions relevant de l'esprit critique. Par contre, si ça n'a pas été immédiat, votre administrateur de traitement de la mémoire a été alerté par le temps que mettait votre mémoire intelligente à fournir une réponse. Il a alors conduit vos yeux à parcourir à nouveau l'image, en quête de ce qui avait déconcerté votre mémoire intelligente. Ce second passage vous a peut-être permis de voir le pied humain. Cet exercice nous donne un bon aperçu de l'interaction des différentes parties de la mémoire intelligente et de leur administrateur. La mémoire intelligente est habituellement la première sur le pont pour résoudre un problème et fournir une réponse. Si elle y parvient, ce succès ne vous apparaît même pas, parce que vous êtes déjà passé au problème suivant. Si elle échoue, l'administrateur du traitement de la mémoire s'active et sollicite la mémoire ordinaire, qui part à son tour à la recherche d'une solution.

3. « Un politicien qui cherche à rester au centre de la route se fait heurter des deux côtés. »

A. J'ai trouvé tout de suite.	B. Il m'a fallu quelques secondes.	C. Quoi ?

Cet aphorisme déclenche quelques connexions successives qui associent des concepts d'ordre politique – la droite, la gauche, le centre – à différentes positions sur une route. L'analogie veut illustrer le danger inhérent au centrisme – position menacée des deux côtés, par des camps qui, eux, n'ont à se soucier que d'un seul adversaire. Votre mémoire intelligente a actionné les mêmes mécanismes pour saisir ce trait d'esprit que pour comprendre les commentaires sur Marseille, Phoenix et Washington.

4. Trouvez l'intrus dans cette séquence : gratte-ciel, cathédrale, temple, prière.

A. J'ai trouvé tout de suite.	B. Il m'a fallu quelques secondes.	C. Quoi ?

Le gratte-ciel, la cathédrale et le temple sont des bâtiments. Si votre esprit a procédé à cette association-là, « prière » devient donc l'intrus. Pour d'autres, qui ont été plus sensibles à la connexion religieuse, l'intrus est le « gratte-ciel » (relisez la séquence en sens inverse pour mieux l'apprécier).

Les différentes réponses sont l'aboutissement de différentes suites de connexions. Ce qui nous montre que les variations de la mémoire intelligente peuvent donner lieu à quantité de pensées divergentes. Le nombre des combinaisons possibles croît de façon exponentielle avec celui des souvenirs et des liens que contient votre mémoire intelligente. La puissance de cette dernière augmente donc extraordinairement à mesure que vous acquérez du savoir et de l'expérience.

5. Parmi ces mots composés, lesquels sont impropres ?

    Aigre-doux
    Lapin chasseur
    Aigre neige

A. J'ai trouvé tout de suite.	B. Il m'a fallu quelques secondes.	C. Quoi ?

La réponse « aigre neige » est un exemple de concept que la plupart des gens n'associent pas. « Aigre-doux » et « Lapin chasseur » ont sans doute semblé autrefois tout aussi incongrus, mais nous avons appris à les associer en une seule idée. La capacité d'acquisition de nouvelles combinaisons par votre mémoire intelligente est illimitée. De même qu'« aigre-doux » a fini par trouver un sens, « aigre neige » pourrait bien un jour signifier quelque chose si nous continuons à recevoir des pluies acides.

6. Cette image vous demande de voir au-delà du simple dessin et d'en extraire une idée créative. Pou-

vez-vous expliquer le concept ici exposé ? *Indice* : ce dessin est inspiré d'une publicité parue dans un magazine masculin.

A.	B.	C.
J'ai trouvé tout de suite.	Il m'a fallu quelques secondes.	Quoi ?

Les associations ici déclenchées – chiens de traîneau, neige, effort de traction – sont suffisamment inhabituelles pour produire un concept créatif : ce sont en général les chiens qui tirent l'homme. Celui qui, pour le plaisir, tire lui-même le traîneau doit déborder d'énergie. Il fallait savoir beaucoup de choses pour procéder à ces associations et y voir de l'humour. Si vous avez trouvé tout de suite, c'est que cela ne vous a pas posé de problème, et que vous savez apprécier l'incongruité qui donne toute sa force à l'image.

7. Voyez-vous ce que cette image est censée symboliser ?

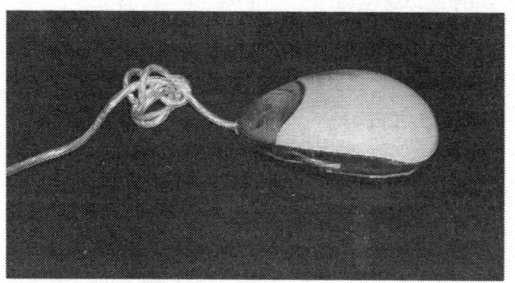

A. J'ai trouvé tout de suite.	B. Il m'a fallu quelques secondes.	C. Quoi ?

Ici encore, l'image exige une démarche créative. C'est légèrement plus compliqué que la fois précédente parce qu'elle illustre un concept psychologique, pas physique, et que cela requiert une petite dose d'imagination supplémentaire. Il y a d'une part la souris elle-même. Et puis son fil, qui est emmêlé. Cela symbolise clairement un problème informatique, sans qu'il soit besoin du moindre mot pour l'énoncer.

Résolution de problèmes

1. Combien de temps vous faut-il pour comprendre ce qui suit ?
   • Eurotisme
   • Décadanse

• « Seuls les médiocres donnent toujours le meilleur d'eux-mêmes. »

• « Les végétariens peuvent-ils manger des poules en chocolat ? »

A. J'ai trouvé tout de suite.	B. Il m'a fallu quelques secondes.	C. Quoi ?

Ces mots et phrases véhiculent un certain nombre d'idées complexes. Pour les comprendre, et en saisir l'humour, votre mémoire intelligente doit rapidement trouver différents éléments d'information, essentiellement des concepts, et comprendre comment ils s'imbriquent, « Eurotisme » est un projet de titre de livre, dont l'humour résulte du choc des souvenirs qu'évoquent respectivement l'Europe et l'érotisme (un ouvrage sur l'atmosphère torride des bureaux de Bruxelles ?). « Décadanse », titre d'une chanson de Serge Gainsbourg, joue sur l'association de « décadence » et de « danse » pour restituer l'air de son temps[3].

L'assertion sur la médiocrité sollicite vos souvenirs de grammaire et joue sur l'association de « meilleur », qui est un niveau d'excellence (bien/ mieux/meilleur), et « médiocre », qui est un terme absolu, comme « unique », et ne compte pas de degrés. La question sur les végétariens sous-entend que vous savez en quoi consiste leur régime et joue sur votre passion d'enfance pour les poules en chocolat (qui ressemblaient vraiment à des poules, n'est-ce pas ?) et sur l'idée que vous vous faites des gens qui ont des croyances extrêmes. Elle vous contraint à combiner tout cela et à vous demander si le refus de viande peut aller jusqu'au ridicule[4].

2. Quelle est à présent la température approximative de Rio de Janeiro ?

A. J'ai trouvé tout de suite.	B. Il m'a fallu quelques secondes.	C. Quoi ?

Si vous connaissez positivement la réponse exacte et n'avez pas à faire d'estimation approximative, ce n'est pas un bon test pour votre mémoire intelligente. Le défi consiste ici à émettre une supposition soupesée. Si vous avez pu le faire, c'est que votre mémoire intelligente a fouillé vos souvenirs de géographie et des zones climatiques de la planète. Il fallait savoir que Rio de Janeiro se situe dans l'hémisphère Sud, où les saisons sont inversées par rapport à l'Europe. Il fallait ensuite retrouver des souvenirs liés à la température du jour chez vous (peut-être l'avez-vous entendue à la radio ce matin) et en calculer grossièrement un opposé. Sans vraiment pouvoir être exact, vous aviez tout de même de bonnes chances de ne pas tomber loin. (Regardez la carte des températures dans le journal pour voir à quel point.) Que d'éléments de mémoire activés !

3. Un homme a croqué toutes les pommes du pommier de son voisin. Pourtant, tous les fruits sont intacts, accrochés à l'arbre, et l'homme n'a en rien volé son voisin. Comment a-t-il fait ?

A. J'ai trouvé tout de suite.	B. Il m'a fallu quelques secondes.	C. Quoi ?

La clé de cette devinette tient aux différentes acceptions du terme « croquer ». Ceux qui n'ont pas compris s'en sont tenus au sens le plus courant, « mordre ». Mais « croquer » peut aussi vouloir dire « faire le croquis de ». Une fois que votre mémoire intelligente a trouvé la bonne acception, l'énigme est résolue : il s'agissait d'un dessinateur ou d'un peintre.

4. Pouvez-vous identifier ces taches d'encre ? À quelle vitesse ?

A. J'ai trouvé tout de suite.	B. Il m'a fallu quelques secondes.	C. Quoi ?

Contrairement à ce qu'on pourrait attendre de ce genre de taches d'encre, il n'est question ici d'aucun fantasme psychologique. Voici un indice : pensez géographie. Reconnaissez-vous le golfe du Mexique, avec la Floride en haut à droite, et l'Amérique centrale enroulée au-dessous ?

Il a fallu faire concorder cette image avec un souvenir géographique précis. Cela vous a peut-être été rendu plus difficile par le fait que nous l'avions légèrement inclinée vers la gauche par rapport aux reproductions habituelles. Votre mémoire intelligente a donc dû procéder à différentes rotations de l'image pour les comparer à celle-ci. L'indice sur la géographie vous a certainement aidé. La mémoire intelligente peut parcourir d'immenses quantités d'information, mais cela devient nettement plus rapide, et plus facile, si le champ de la recherche est restreint par des indices.

5. Suivez cette séquence. À quel stade distinguez-vous un objet identifiable ? (*Le changement de page est délibéré* ; ne la tournez qu'après avoir quelque peu persisté.)

A. J'ai trouvé tout de suite.	B. Il m'a fallu quelques secondes.	C. Quoi ?

Si vous avez vu le téléphone avant la quatrième image, c'est que votre mémoire intelligente a rapidement relié lignes et courbes pour comparer les plus gros tronçons ainsi obtenus à des images mentales et trouver une correspondance avec un téléphone sans fil. C'est le même processus que pour le dalmatien, avec cette fois une difficulté graduelle – et nettement moins d'indices visuels au départ – pour distinguer différents niveaux d'habileté.

Erreurs mentales

1. Quelqu'un vous montre une pièce de monnaie ancienne parfaitement conservée. Dessus, on peut lire : « 547 av. J.-C. »

La pièce est-elle plus vraisemblablement grecque ou romaine ?

A. J'ai trouvé tout de suite.	B. Il m'a fallu quelques secondes.	C. Quoi ?

C'était un piège, qui vous a contraint à réévaluer vos suppositions initiales. La plupart des gens passent à côté des implications d'un objet estampillé « av. J.-C. » (avant Jésus-Christ). Pourtant, cette mention, forcément rétrospective, n'a certainement pas été gravée à l'époque, car qui aurait pu prévoir la naissance du Christ ? Aussitôt révisé votre premier jugement erroné, la réponse saute aux yeux : pas plus grecque que romaine, cette pièce est un faux.

2. Sarah est célibataire. Âgée d'une trentaine d'années, elle occupe la fonction de vice-présidente d'une banque. À ses heures libres, elle aime assister à des conférences traitant de questions de femmes.

Laquelle de ces assertions est la plus vraisemblable ?

Sarah est vice-présidente.
Sarah est vice-présidente et féministe.

A. J'ai trouvé tout de suite.	B. Il m'a fallu quelques secondes.	C. Quoi ?

Il faut ici s'intéresser à votre choix, mais aussi au temps qu'il vous a pris. Beaucoup tiendront pour plus probable l'assertion que Sarah est à la fois vice-présidente et féministe. Ils se trompent. Si cette réponse leur est venue rapidement, il y a eu défaillance dans la logique automatique de leur mémoire intelligente. S'il leur a fallu du temps, c'est leur logique consciente qui a été prise en défaut. Dans un cas comme dans l'autre, il est possible d'y remédier, et les exercices relevant de la logique des probabilités feront dans cette optique d'excellents tonifiants.

Sarah est vice-présidente, c'est un fait – cela nous est dit. L'affirmation « Sarah est vice-présidente » a donc 100 % de chances d'être vraie.

Mais Sarah est *peut-être* féministe. On ne sait pas à quel point c'est probable, mais on peut avoir la certitude que ça ne l'est pas à 100 %. En effet, la véracité de deux affirmations associées n'est jamais plus probable que celle de la moins probable des deux. Ne pouvant être sûrs à 100 % qu'elle est féministe, les chances qu'elle soit à la fois vice-présidente et féministe sont forcément inférieures à 100 %. La première réponse – « Sarah est vice-présidente » – était par conséquent la bonne.

L'interprétation des probabilités est parmi ce qui pose généralement le plus de problèmes. Nous en sommes pourtant dorénavant submergés, et apprendre à les exploiter devient une nécessité. En comprenant le cheminement logique qu'il fallait suivre dans cet exemple, vous l'avez inculqué à votre mémoire intelligente. La prochaine fois que vous rencontrerez ce genre de problème, il y a des chances que la réponse vous vienne automatiquement.

3. Des écoliers ont reçu les instructions suivantes : « Imaginez une planète, semblable à la Terre, quelque part dans l'Univers. Elle est pour l'heure inhabitée. Votre tâche consiste à concevoir les nouvelles créatures qui l'occuperont. Il est interdit de reproduire des créatures terriennes, disparues ou encore en vie. » On leur montrait ensuite à titre d'exemple des créatures à quatre pattes, dotées d'une queue et d'antennes.

Lequel de ces deux dessins a-t-il selon vous été jugé plus créatif par le professeur ?

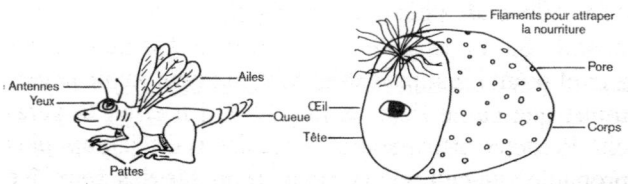

(Finke, Ronald et Thomas Ward, *Creati e Cognition : Theory, Research, and Applications.*© 1992 Massachusetts Institute of Technology, The MIT Press.)

| A. J'ai trouvé tout de suite. | B. Il m'a fallu quelques secondes. | C. Quoi ? |

La créature de droite est le fruit d'un travail plus créatif parce qu'elle ressemble moins aux exemples évoqués dans la question et qu'elle présente davantage d'originalité. L'auteur du dessin de gauche s'est inspiré de créatures terriennes. L'autre a tourné le dos aux formes conventionnelles. Il a fait le compte de ce qu'il jugeait indispensable à toute créature où qu'elle soit, l'a rassemblé sur un corps très peu ordinaire, et disposé de façon moins ordinaire encore. Il a ainsi établi des connexions uniques[5].

4. Ce « mot » et sa « définition » ont-ils un sens ?

Exaspuisé : Ce qu'on ressent, par exemple, à la descente de l'avion, en attendant ses bagages près du tapis roulant de l'aéroport.

A. J'ai trouvé tout de suite.	B. Il m'a fallu quelques secondes.	C. Quoi ?

Nous avons pour la plupart déjà ressenti cela. Ce qu'il y a d'amusant dans « exaspuisé », c'est qu'il regroupe différentes sensations sous un seul terme, donnant d'autant plus d'impact à l'idée véhiculée. Par l'association de mots et de sons, il provoque comme un déclic. C'est presque un choc, à l'impact concentré plutôt que diffus et, même une fois passé, « exaspuisé » continue d'affecter votre mémoire intelligente. Des idées jusqu'alors distinctes se sont amalgamées pour constituer un article unique dans votre esprit, ce qui rend la notion plus aisément consultable, plus maniable et plus disponible pour être associée à d'autres pensées.

5. Un rébus de mots est un petit casse-tête verbal jouant de la typographie et de la disposition des mots et des lettres pour signifier quelque chose. Par exemple, le rébus UTOUTN signifie « tout en un », parce que le mot « tout » est physiquement inséré dans le mot « un ».

Essayez de résoudre ces rébus :

1. C'EST
   MES MOYENS

2. SEC
   ―――
   ONDE

3. ENTENDUS
   PLEIN DE

4. ―――――――
   LIRE
   ―――――――

5. IL EST/LA PLAQUE

A. J'ai trouvé tout de suite.	B. Il m'a fallu quelques secondes.	C. Quoi ?

Ces jeux sont difficiles. Votre mémoire intelligente est censée identifier, trier, et tester différents souvenirs pour trouver les bonnes correspondances. Il faut fouiller votre mémoire à la recherche d'expressions communes et de métaphores, pas de mots individuels. Sans compter que votre souvenir du sens littéral des mots brouille la résolution du problème. Au prix de quelques allers-retours, après voir testé plusieurs réponses possibles, vous y êtes peut-être finalement parvenu. Les solutions étaient : « c'est au-dessus de mes moyens » ; « fraction de seconde » ; « plein de sous-entendus » ; « lire entre les lignes » et « il est à côté de la plaque ».

Vos résultats

Voici venir le moment le plus amusant – vous allez découvrir que vous vous servez déjà de votre mémoire intelligente, et apprendre à la perfectionner. Faites la somme des A (J'ai trouvé tout de suite), des B (Il m'a fallu quelques secondes) et des C (Quoi ?) pour chaque partie et inscrivez les résultats sur la feuille de score ci-dessous.

Attention

A	B	C
J'ai trouvé tout de suite.	Il m'a fallu quelques secondes.	Quoi ?

Bloc-notes de mémoire

A	B	C
J'ai trouvé tout de suite.	Il m'a fallu quelques secondes.	Quoi ?

Stockage des souvenirs

A	B	C
J'ai trouvé tout de suite.	Il m'a fallu quelques secondes.	Quoi ?

Associations

A	B	C
J'ai trouvé tout de suite.	Il m'a fallu quelques secondes.	Quoi ?

Résolution de problèmes

A	B	C
J'ai trouvé tout de suite.	Il m'a fallu quelques secondes.	Quoi ?

Erreurs mentales

A	B	C
J'ai trouvé tout de suite.	Il m'a fallu quelques secondes.	Quoi ?

Analysez à présent vos résultats. Considérez aussi bien votre performance d'ensemble que vos scores dans chaque catégorie. La comparaison des résultats par catégorie vous permet de déterminer les parties de la mémoire intelligente qui fonctionnent et celles qui le font moins. Vous en déduirez quelles parties de votre mémoire intelligente méritent une attention plus spécifique d'ici à la fin de l'ouvrage.

Ce questionnaire vous fournit en fait deux indications. Le score dit à quelle vitesse vous avez atteint la bonne réponse. Les réponses rapides, les « A », sont l'œuvre de la mémoire intelligente – rien d'autre ne saurait opérer aussi rapidement. Si vous n'avez pas donné beaucoup de réponses rapides, c'est que vous refrénez votre mémoire intelligente, ou qu'elle a besoin d'être renforcée.

La seconde indication concerne la pertinence de votre jugement. Qu'importe que votre réponse ait été rapide si elle était fausse. En général, une réflexion plus lente produit de meilleurs résultats. Mais si votre mémoire intelligente ultrarapide a su se montrer aussi infaillible, ou presque, chapeau ! C'est qu'elle sait parfaitement percevoir, associer et faire le tri parmi ces associations. Si votre mémoire intelligente vous a fourni des réponses rapides mais fausses, il faut chercher ce qui n'a pas fonctionné. Était-ce au niveau de l'attention, du bloc-notes de mémoire, du stockage, des associations, de la recherche de souvenirs ou de l'orchestration mentale ? Là encore, vérifiez votre score dans ces catégories. La suite de cet ouvrage traite précisément des façons d'améliorer votre réflexion dans chacun de ces domaines.

Nous n'avons pas établi de barème spécifique, parce que c'est une chose impossible. Chaque aptitude participe au processus général de perfectionnement de la mémoire intelligente, même si certaines s'y prêtent davantage que d'autres.

Toutefois, quel qu'ait été votre score, voici de bonnes nouvelles : comme nous l'avons constaté avec l'image du dalmatien, le simple fait d'*essayer* de répondre à ces questions, puis d'en comprendre les bonnes réponses a déjà commencé à faire progresser votre mémoire intelligente. Votre façon d'aborder ces problèmes a été quelque peu modifiée, vous mettez plus de soin à la lecture, vous vous montrez plus extensible dans l'étude des réponses, vous vous fiez un peu plus à votre intuition, ou alors vous songez à marquer un temps avant de trancher en faveur d'une réponse. Vous voilà prêt à vous attaquer aux exercices des chapitres suivants, qui sollicitent chacune des facultés pensantes de la mémoire intelligente que nous avons testées jusqu'ici. En atteignant la fin de l'ouvrage, vous serez nettement mieux armé pour résoudre non seulement ce genre d'exercices, mais aussi les multiples casse-tête et défis créatifs de la vie réelle.

3

Perfectionner sa mémoire intelligente

Nous sommes certes déjà pourvus d'une généreuse masse de mémoire intelligente qui nous est fort utile, mais nous pouvons apprendre à mieux la faire fonctionner, et ce de multiples façons. D'abord, on peut créer de nouvelles connexions, phénomène qui se produit chaque fois qu'on est confronté à une nouveauté. Comme, par exemple, la première fois que vous avez ouvert une enveloppe à l'aide d'un crayon ou de ce qui vous tombait sous la main plutôt que d'un coupe-papier. Votre mémoire intelligente a fait jaillir une nouvelle connexion entre la tâche à accomplir et les moyens dont vous disposiez.

Vous pouvez également perfectionner votre mémoire intelligente en améliorant sa capacité à retrouver des connexions utiles qui sont déjà en vous. Il est toujours plus simple et rapide de retrouver une connexion existante que d'en créer une nouvelle. Vous pouvez aussi apprendre à mieux rejeter les éléments et connexions incorrects. La mémoire intelligente absorbe si facilement l'expérience qu'elle finit par contenir beaucoup de choses erronées – aussi bien des associations qui n'auraient pas dû se faire que des fausses pistes. Certains de nos mini-esprits sont parfaitement faux. Il convient de tous les effacer. Vous pouvez y aider votre mémoire intelligente en adoptant de bonnes habitudes générales de réflexion.

Tout cela ressemble à de l'exercice physique en ce sens qu'il s'agit de faire travailler spécifiquement certains « muscles ». Sauf que, cette fois, faire travailler ne serait-ce qu'un muscle peut être aussi productif qu'amusant.

Exercer sa mémoire intelligente sous-entend qu'on renonce à la mémorisation machinale au profit de modes de réflexion plus productifs, et même plus plaisants. C'est échanger une partie de ses schémas de pensée habituels contre de nouvelles astuces qui se révéleront utiles dans les situations délicates. C'est choisir de se délivrer de la hantise des objets et des noms introuvables et de mieux résoudre les problèmes quotidiens irritants, voire perturbateurs. C'est se disposer à s'attaquer aux problèmes réellement complexes et aux défis créatifs.

Comme beaucoup de nos facultés, la mécanique de la mémoire intelligente demande qu'on y consacre du temps et des efforts. Mais avec une pratique durable et régulière, cela devient de plus en plus simple, pour finir par devenir aussi naturel que de nouer ses lacets. Au début, l'acquisition des bases pourra paraître ingrate, et les progrès imperceptibles. Mais en commençant lentement et à petite échelle, les fondations que vous aurez posées s'échafauderont d'elles-mêmes. Progressivement, le processus gagnera en rapidité, en aisance et en fermeté. Avec le temps, votre mémoire intelligente croquera des morceaux de plus en plus gros, qu'elle digérera plus vite, produisant des pensées plus élaborées et donnant naissance à des mini-esprits plus puissants.

Afin de vous faire entrevoir ce que cela implique et de vous simplifier les premiers pas, nous avons fragmenté le processus en sept étapes. La mémoire intelligente ne fonctionne ordinairement qu'en tant qu'opération unique, mais on peut toutefois en distinguer certains aspects. À chaque étape correspond un chapitre d'explications, puis, au chapitre 11, nous vous montrerons à partir de situations quotidiennes comment la mémoire intelligente les franchit toutes. Voici d'abord un résumé de ces étapes.

Accroître son attention

Avant toute chose, l'attention est une condition de base à l'acquisition d'information. Notre esprit y recourt également pour décider de ce qui doit occuper nos pensées. On en distingue deux types : l'attention consciente et l'attention inconsciente. La première ne peut se concentrer que sur une chose à la fois, que ce soit un événement mondial ou une petite idée qui trotte dans la tête. La seconde est automatique. Elle perçoit beaucoup de choses d'un coup et peut suivre différents fils de pensée à la fois. Vous connaissez déjà ce « dispositif de surveillance » sous sa forme la plus simple. Il force votre attention consciente à se focaliser sur un mouvement avant même que vous n'en ayez déterminé l'auteur. À un niveau plus sophistiqué, c'est lui qui a orienté les facultés de Sherlock Holmes vers ce qu'il avait besoin de déceler chez Watson. Apprendre à accroître votre attention vous aidera à fabriquer des éléments de mémoire. Avec le renfort d'une meilleure mémoire intelligente, elle vous permettra de remarquer ce qui mérite de l'être dans une scène ou parmi vos propres pensées.

Étendre le bloc-notes de mémoire

Notre esprit dispose d'un « bloc-notes » temporaire. Il s'agit de la mémoire la plus vive, où nous gardons sous la main les idées prêtes à l'emploi. C'est aussi le pense-bête où nous plaçons de brefs rappels, comme songer à demander de la monnaie en caisse pour payer le parking. Ce bloc-notes nous impose toutefois une limite très restrictive parce que nous ne sommes généralement capables de retenir que sept pensées actives à la fois – au mieux neuf chez les plus intelligents ou les plus entraînés[1]. Il est impossible de lever cette contrainte directement, mais nous pouvons démultiplier ce que représente chacune de ces pensées. Ne pas bourrer notre portefeuille mental de neuf billets d'un dollar mais de neuf billets de dix. Ce qui nous permet de stocker nettement plus de choses dans le même espace.

Stocker davantage de souvenirs

Quand on range ses souvenirs comme autant de faits isolés, ils deviennent nettement plus difficiles à retrouver, et ceux sur lesquels on parvient à mettre la main n'en appellent pas d'autres. Mais, si au moment de leur acquisition, on relie les faits entre eux d'une façon qui ait un sens, on bâtit alors un réseau bien plus consistant que ne l'est chacune de ses parties. Du coup, tout fait individuel retrouvé dans votre esprit vous renvoie directement à un autre. Et réciproquement, lorsqu'un souvenir individuel est un peu faible, les autres éléments du réseau peuvent le soutenir. En développant votre réseau d'associations, opération qui répond à une croissance exponentielle, votre mémoire intelligente générera davantage d'idées.

Faire jaillir les connexions

Cette étape consiste à établir de nouvelles connexions ou à revigorer celles qui ont faibli ou se sont coincées quelque part. Il faut pour cela encourager la tendance naturelle de votre mémoire intelligente à chercher des liens entre les idées.

Résoudre les problèmes

Qu'il s'agisse du clonage d'un animal de compagnie, du raccommodage d'un bouton ou de l'entretien de bonnes relations avec ses beaux-parents, tout peut constituer un problème. Tous les problèmes ont en commun de posséder un objectif, parfois très précis, comme la solution d'une équation mathématique, ou plus vague, la « réussite » de ses vacances. La mémoire intelligente nous aide à les résoudre grâce en partie à son talent de dénicheuse de connexions pertinentes et en partie grâce à son aptitude à envisager un grand nombre de solutions possibles à la fois. Si tous les types de problèmes vous donnent du fil à retordre, c'est probablement que votre mémoire intelligente demande une remise au point.

De la créativité au travail

On croit volontiers que faire preuve de créativité, notamment dans les arts, n'a rien à voir avec résoudre des problèmes, mais ces deux activités impliquent pourtant le même usage de la boîte à outils qu'est la mémoire intelligente. La différence tient essentiellement au fait que la pensée créative, artistique, n'a généralement pas de fin : son objectif premier est d'aller là où personne n'est jamais allé. Mais l'une comme l'autre passent nécessairement par la pêche aux nouvelles connexions dans la mémoire intelligente, un exercice déjà créatif en soi. (Ne vous est-il jamais arrivé de remplacer un lacet cassé par le cordon d'un sac-poubelle ?) Certes, les connexions propres à une forte pensée créative sont plus extensibles, portent plus loin que celles qu'exige la résolution de la plupart des problèmes. Mais la pensée créative n'en sert pas moins un propos, fût-il de divertir ou d'embellir. Seulement, les critères du succès artistique sont plus flexibles. Andy Warhol l'avait bien perçu (et mis en pratique) : « L'art, c'est tout ce qu'on parvient à faire passer pour tel. »

Prévenir les erreurs mentales

Les mini-esprits de notre mémoire intelligente opèrent automatiquement et à grande vitesse. Et s'ils sont faux ? Que se passe-t-il si l'on possède un mini-esprit qui croit que 1+1 = 3 ? C'est loin d'être impossible, parce que les mini-esprits s'imprègnent d'expérience, et que l'expérience peut être fausse. Même si vous avez rectifié et que vous vous soyez doté d'un mini-esprit qui sait que 1+1 = 2, l'ancien n'en continue pas moins de vous souffler sa réponse à l'oreille. Cela peut vous ralentir, ou vous amener à produire une mauvaise réponse. La solution consiste soit à rétablir la vérité dès la première fois, soit à procéder

74

à une double vérification de vos pensées et conclusions assez tôt dans le processus, avant qu'un mini-esprit erroné n'y soit trop profondément enraciné. Il faut pour cela prendre l'habitude de réfléchir posément, de façon à pouvoir s'apercevoir qu'une idée est fausse, non viable, ou dénuée d'intérêt. Cette double vérification assurera à votre mémoire intelligente un rendement optimal. Ce faisant, vous ne serez pas seulement en train de renforcer vos outils mentaux, mais aussi d'en acquérir de nouveaux, adaptés à d'autres « travaux ». Si vous pratiquez la double vérification, cet outillage devient un élément automatique de la mémoire intelligente, qui s'affine chaque fois que vous l'employez.

Le chapitre suivant en dit plus long sur ces aspects de la mémoire intelligente et vous propose des exercices pour les perfectionner.

4

Développer son attention

Nos sens sont soumis à un tel bombardement d'informations, tant de pensées bouillonnent dans nos têtes que nous en sommes naturellement venus à nous doter de boucliers automatiques qui nous préservent de toute surcharge. Tout en lisant ces mots, sentez-vous la chaise sur laquelle vous êtes installé ? Voyez-vous ce qui se passe au-dehors ? Entendez-vous tout ce qui se produit autour de vous ? Avec ces boucliers, probablement pas. L'attention consciente n'est pas seulement le projecteur que l'on braque sur ce qui nous intéresse, c'est aussi la porte que certaines informations trouvent close quand d'autres la franchissent. Elle filtre les pensées et empêche les idées aléatoires de venir empiéter sur le fil principal de votre raisonnement.

Or, ce filtrage a un prix. Nous ne sommes pas capables de nous souvenir de ce qui a été laissé dehors. Les problèmes de la mémoire – intelligente ou ordinaire – se doivent le plus souvent à l'exclusion par inadvertance d'une information que le bouclier a trop vite privée d'accès. Prêter attention consiste à se concentrer quand il le faut et à résister aux distractions qui menacent cette concentration. En focalisant son attention, on implique sa mémoire intelligente, qui active à son tour les filtres de l'attention consciente et ceux de l'attention automatique.

La concentration

La concentration consiste à consacrer l'ensemble de votre énergie mentale à la tâche en cours. C'est aussi un déclencheur naturel des systèmes cérébraux de consolidation des souvenirs. Sans le concours de l'attention soutenue, ces derniers demeurent fragiles et temporaires, ce qui change beaucoup de choses. Lors d'une étude sur l'attention, on a demandé à des étudiants de lire un texte, en avertissant certains qu'ils seraient interrogés, et d'autres pas. Les seconds n'ont pas su retrouver le dixième de ce qu'ils avaient lu, alors que les premiers en ont retenu plus de quatre-vingt-dix pour cent[1].

Nombreuses sont les circonstances qui rendent toute concentration quasiment impossible. La première rencontre avec une personne, par exemple, parce qu'une foule d'autres choses se produisent simultanément. Il faut à la fois tenter de se souvenir de l'individu et de sa désignation arbitraire – « Nina » ou « Ralph » –, découvrir en quoi il vous est lié, déterminer s'il convient de lui accorder de l'intérêt, ou tout au moins de faire semblant, pour ne pas embarrasser une connaissance commune. Vous êtes peut-être aussi en train de parcourir la pièce du regard à la recherche d'autres gens ou de songer à ce que vous ferez dès l'instant suivant. L'ensemble de ces pensées détourne votre projecteur mental du souvenir que Nina est bien le nom de la personne qui se tient devant vous. Il n'est donc pas étonnant qu'on ait du mal à retrouver le nom de… comment s'appelait-elle déjà ? En fait, cet oubli avait beaucoup de chances de se produire parce que vous ne saviez pas vraiment qui était Nina au départ.

Les bienfaits de la concentration ne se limitent pas au simple souvenir d'un nom ou d'une chose, loin de là. L'énergie neuronale que l'on investit dans l'attention déclenche aussi des associations et consolide les souvenirs qui s'y rapportent, constituant un réseau qui devient partie intégrante de votre mémoire intelligente. Ainsi, après avoir été présenté à Nina, par la simple prononciation de son nom une ou deux fois (« Mon mari m'a beaucoup parlé de vous, Nina »), vous incitez votre attention à piocher le souvenir de ce que vous avait dit votre mari (« Elle a installé une chambre noire dans sa cave »), mais aussi celui d'un article consacré aux femmes photographes célèbres, tout cela donnant lieu à l'idée que cette personne a des chances de savoir où trouver une photo que vous cherchez depuis longtemps. Désormais, il y a des chances que « Nina » vous revienne à l'esprit dans un avenir plus ou moins proche, la prochaine fois que vous penserez photographie.

Lorsqu'on pèche par inattention, c'est en général qu'on est pressé, distrait, ou qu'on s'ennuie. On a l'impression de ne pas avoir le temps. Pourtant, si l'information à retenir est importante, c'est bien le manque de concentration qui constitue une perte de temps. Chacun sait que les étudiants en médecine doivent mémoriser des flopées d'informations concernant toutes les parties du corps, totalement dépourvues d'intérêt et de lien entre elles. Il faut par exemple savoir que la région du cerveau la plus utile à la mémoire ordinaire est l'hippocampe, ainsi nommé pour sa ressemblance avec le petit animal marin (dont la tête ressemble à celle d'un cheval, *hippos*, et le corps à celui d'un poisson). Imaginez à présent devoir retenir mille références latines de ce type, avec ce qu'elles signifient et leur emplacement.

Il fut un temps où, à l'école de médecine, je m'échinais à bourrer ma mémoire d'une cascade de faits, mais sans obtenir les résultats escomptés. En revanche, non seulement mon colocataire passait moins de temps que moi à réviser, mais ses résultats aux examens étaient bien meilleurs que les miens. Quand, ravalant mon orgueil, j'ai fini par lui demander son secret, il m'a expliqué qu'il n'avait simplement pas l'intention de passer plus de temps à étudier qu'il n'en fallait, et qu'il forçait donc sa concentration. Braquer toute son attention sur sa leçon lui permettait de s'offrir du temps libre. Ça fonctionnait pour lui, et ça l'a fait pour moi dès que j'ai appliqué la même stratégie.

Les avantages d'un terrain connu

Il est bien plus facile de prêter attention à une chose que l'on peut associer à ce qu'on a déjà vu ou entendu auparavant. L'attention sera d'autant plus aisée si notre esprit possède déjà un emplacement pour le type d'information qui se présente.

Dans quelque domaine que ce soit, le spécialiste ingurgite l'information de façon rapide et organisée parce qu'il est en mesure de la relier à des faits déjà acquis. Qu'il s'agisse du jeu d'échecs, du bridge, de la danse, de la dactylographie, de la musique, du sport ou de la collection d'étiquettes de bouteilles de vin, l'expert a acquis une faculté d'attention si fine et si perspicace qu'elle avoisine l'intuition.

Une célèbre expérience menée en 1973 auprès de joueurs d'échecs confirmés et débutants a mis en relief certaines propriétés de l'attention experte. Sur un échiquier, 24 pièces étaient disposées selon la trame d'une partie en cours. Les deux groupes de joueurs avaient cinq secondes pour observer l'échiquier. On demandait ensuite à chacun de restituer le positionnement exact du plus grand nombre de pièces possible. On demandait aussi aux deux groupes d'observer pendant cinq secondes un échiquier où 24 pièces étaient cette fois disposées au hasard. Pour cette configuration aléatoire, la mémoire des experts s'est révélée équivalente à celle des débutants. Mais pour les pièces disposées à la façon d'une vraie partie, les experts ont très amplement surpassé les débutants, puisqu'ils ont retenu la position de 16 pièces, contre 4 pour les débutants.

On a attribué cet écart au fait que les experts avaient retenu la configuration sous la forme d'une trame déjà familière. Les débutants, eux, ne disposaient pas de ces schémas de référence dans leur esprit. Mais, face à la disposition aléatoire, ces schémas n'ayant plus aucune utilité, les experts ont vu leur capacité de mémorisation retrouver le niveau moyen ordinaire[2].

Les fautes d'attention

Nombre de problèmes de la mémoire ne se doivent pas à l'oubli mais à des fautes d'attention. Quand on ne se concentre que de façon sporadique, par intermittence, on ne retient qu'une partie de l'événement.

C'est d'ailleurs peut-être justement ce que vous êtes en train de faire en ce moment si, pendant que vous lisez, vos pensées s'échappent vers vos projets pour le dîner. Tout le monde connaît des moments d'inattention ou de mauvaise concentration, dont la fatigue, la faim, ou le sommeil sont des causes particulièrement fréquentes. Chez certains, ces fautes peuvent en arriver à parasiter l'ensemble de la vie mentale au quotidien.

Laisser vagabonder son esprit est souvent divertissant, généralement bien plus que la plupart de nos activités courantes. Si vous êtes artiste, ça peut faire partie de votre travail, mais pour la plupart d'entre nous, c'est une déperdition de temps qui nous empêche de faire ce qui devrait être fait, nous conduisant parfois même à l'oublier, ce qui nous oblige à recommencer ou à renoncer.

Notre esprit vagabonde ainsi plus souvent qu'on ne le croit, et les élèves d'un lycée de Chicago nous en ont fait l'éloquente démonstration, à l'occasion d'un cours donné aux meilleurs éléments de terminale par un professeur très apprécié pour le caractère passionnant de ses exposés. Il était question ce jour-là d'histoire de la Chine, et plus précisément de la façon dont les troupes de Gengis Khan avaient traversé l'ouest du pays pour déborder l'ennemi le long de la Grande Muraille, avant de fondre au nord à la conquête de Yenking. Pendant le cours, un minuteur sur le bureau du professeur était programmé pour sonner à intervalles aléatoires, et le professeur demandait chaque fois aux élèves de noter ce qu'ils avaient en tête sur l'instant.

Les esprits étaient ailleurs. Des vingt-sept élèves présents, seuls deux avaient des pensées plus ou moins en rapport avec la Chine. Les autres songeaient au déjeuner, au week-end, à leur petite amie, ou à quelque événement sportif. Quant aux deux qui avaient bien la Chine en tête, le premier était en fait en train de se remémorer son repas de famille au restaurant chinois la semaine précédente, et le second se demandait pourquoi les Chinois portaient des nattes. On aura assimilé – voire seulement perçu – bien peu d'histoire de la Chine au cours de ces quarante minutes[3].

Mais ce manque d'attention n'est pas propre au secondaire, et on peut en dire autant du niveau universitaire. Depuis que de nombreuses salles de classe sont raccordées à Internet, les professeurs peuvent savoir si les étudiants sont en train de consulter leurs notes ou de surfer. L'observation d'une classe a révélé que l'esprit d'une majorité d'étudiants était ailleurs[4].

Nous sommes plus vulnérables aux distractions lorsque l'activité est routinière – déjà accomplie des dizaines de fois et que nous estimons pouvoir la mener en mode automatique. À moins de s'imposer des rappels à l'ordre réguliers, l'habitude peut s'installer et il ne faut pas longtemps à notre esprit pour totalement délaisser le sujet. Un pilote de ligne se livre à ce genre de rappels à l'ordre chaque fois qu'il procède à la vérification fonctionnelle de ses instruments avant le décollage. Il a beau avoir souvent vécu cette séquence, il évite méthodiquement de céder à l'habitude en se concentrant sur chaque pas.

L'inattention peut nous valoir de sérieux ennuis. Un conducteur chevronné – un coureur de stock-cars, par exemple – développe certains réflexes d'urgence par l'anticipation, la pratique et l'expérience, de façon que, même privés d'attention consciente, ces mini-esprits d'urgence s'activent aussitôt qu'ils en décèlent la nécessité. Le conducteur chevronné saura immédiatement tourner son volant dans le sens d'un dérapage, aussi contraire cela soit-il à la réaction instinctive. Mais les moins expérimentés d'entre nous ne sont pas dotés de ces mini-esprits. Dans la même situation, un mini-esprit inexpérimenté nous recommande de braquer en sens inverse du dérapage, ce qui est dangereux. Par l'attention et la réflexion consciente, il est possible de court-circuiter ce mini-esprit et d'emmagasiner une réaction plus appropriée.

Le goulet d'étranglement

Il est une contrainte de base que la concentration ne permet pas de dépasser : l'attention consciente ne peut traiter qu'une chose à la fois. À chaque instant, nous ne sommes capables de conserver sous le projecteur de notre esprit qu'une seule pensée. Lorsque nous avons la sensation de faire plusieurs choses à la fois, en fait nous jonglons. Une chose passe brièvement sous la lumière du projecteur, puis une autre lui succède, et ainsi de suite jusqu'à revenir à la première pensée. L'ordinateur non plus n'est pas vraiment multitâche lorsqu'il opère. Cette impression est due à son extrême rapidité. Or, la mécanique de notre cerveau est à peu près cent millions de fois plus lente que l'ordinateur qui trône sur notre bureau, et, avec son impératif de ne traiter qu'une chose à la fois, notre attention l'est encore davantage. L'adolescente qui bavarde au téléphone tout en faisant son devoir de physique peut croire qu'elle prête l'oreille aux problèmes de sa copine tout en calculant des formules, mais, à chaque instant, l'une de ces activités est laissée au second plan, attendant son tour.

La fonction multitâche est à double prix. Un prix direct : chaque fil de pensée dispose évidemment de moins de temps mental. Et un prix indirect : mettre une pensée de côté et en prendre une autre demande un certain temps, et la petite parcelle d'oubli qui s'y produit peut provoquer un affaiblissement des idées. Quiconque a déjà oublié le début d'un numéro de téléphone en attendant d'en entendre la suite connaît le prix de cet oubli. En mode multitâche, chaque fil de pensée reçoit sensiblement moins d'attention que nous ne le croyons. Lorsqu'on mène deux activités de front, chacune hérite de moins de cinquante pour cent de notre puissance cérébrale.

On trouve une preuve éclatante de ceci dans les études sur la consommation d'oxygène du cerveau. En 2001, des scientifiques de Carnegie Mellon University ont étudié la répartition de l'énergie cérébrale (sous forme d'oxygène) lors de l'accomplissement simultané par le sujet de deux tâches complexes. On lui demandait d'abord d'écouter des phrases composées, comme « Les pyramides étaient des lieux de sépulture, elles sont l'une des sept merveilles du monde antique », dont il fallait dire si elles étaient vraies ou fausses. Tout au long de l'exercice, son cerveau était scanné par IRM fonctionnelle. Différentes régions cérébrales s'éclairaient tour à tour, témoignant de l'activité neuronale.

Ensuite, on présentait plusieurs paires de figures en trois dimensions au sujet, qui devait mentalement les retourner pour dire s'il s'agissait de couples identiques. Là encore, son cerveau était scanné. Et, cette fois, les régions éclairées n'étaient pas les mêmes que lors du test de compréhension du langage. Mais les deux exercices étaient à peu près aussi difficiles, et consommaient plus ou moins la même quantité d'oxygène.

Pour finir, les étudiants devaient procéder à la rotation mentale d'objets en trois dimensions tout en écoutant des phrases composées. Le scanner a montré que le cerveau consommait sensiblement moins que le double de l'oxygène nécessaire à l'exécution d'une tâche unique. Ainsi, en divisant son attention, on ne force pas son cerveau à travailler plus dur, on ne fait que diluer l'effort mental qui pourrait échoir à chaque tâche[5].

Le partage de l'attention réduit aussi le temps et l'effort consacrés à la consolidation des souvenirs. Les pensées et la mémoire d'une personne qui saute constamment d'un point de concentration à un autre peuvent connaître le même type de défaillances que celles d'une personne atteinte des méfaits de l'âge, de l'alcool ou du manque de sommeil. Les risques inhérents au mode multitâche sont particulièrement criants dans le cas d'une personne qui téléphone tout en conduisant. Ce n'est pas le téléphone portable qui pose ici problème, mais le fait que le conducteur soit attentif à sa conversation plutôt qu'à sa conduite. Il y a des années de cela, bien avant qu'on ne parle des risques de la distraction au volant, je me suis trouvé dans la voiture d'un célèbre neurobiologiste en sciences cognitives. Après s'en être sincèrement excusé, il a refusé de me parler pendant qu'il conduisait. Il ne savait que trop combien cela réduisait ses facultés de conducteur.

Certaines activités ne requièrent pas une grande vigilance mentale ou n'auront pas de fâcheuses conséquences si elles tournent mal. On peut préparer le dîner tout en parlant au téléphone, tant que l'on ne juge pas dramatique de brûler un plat de temps en temps. Et rompre la routine d'une activité monotone peut parfois nous aider à la mener jusqu'au bout. Mais en faisant plusieurs choses à la fois, on accroît les chances que quelque chose tourne mal, ou que l'on ne puisse pas reprendre assez rapidement ses esprits. Alors, avant de le faire, demandez-vous : si quelque chose dérape, cela aura-t-il valu la peine ? Si l'on ne risque qu'une tartine brûlée, la réponse sera probablement positive. Mais s'il s'agit d'un accident de voiture, sans doute pas.

Il ne saurait évidemment être question de renoncer au mode multitâche ou à la répartition de l'attention. Le plus pratique sera donc de déterminer quelle tâche exige le plus d'attention et de s'accommoder d'un résultat imparfait pour la ou les autres. Il est à cet égard utile de conserver à l'esprit que le simple transfert d'attention consomme de l'énergie et de l'effort en lui-même, réduisant la somme totale de l'énergie mentale fournie. Le mode multitâche est plus éprouvant que la concentration. Il est donc possible qu'on s'y montre moins endurant que lors d'une activité unique.

À mesure qu'on s'habitue à jongler avec une tâche précise, telle que la conduite, il devient plus aisé de se lester d'une autre occupation mentale. Vous aurez sans doute constaté qu'on est plus efficace lorsqu'on multiplie les tâches familières demandant peu d'énergie que lorsqu'on le fait avec des occupations nouvelles. Certains experts recommandent même d'attribuer une limite temporaire à chaque tâche et préconisent l'emploi d'un réveil rappelant que le moment est venu de passer à une autre. Quand vous devez parcourir vos e-mails sur Internet tout en rédigeant un rapport manuscrit, vous pouvez le régler de façon qu'il sonne après quelques minutes pour vous forcer à réorienter votre attention. Sur la station spatiale

Mir, le cosmonaute Jerry Linenger, qui avait à accomplir plusieurs tâches simultanées, s'est équipé de trois ou quatre montres dotées de sonneries distinctes lui indiquant qu'il devait passer à l'activité suivante[6].

L'attention automatique

Avec une attention consciente si strictement limitée, nous avons la chance de pouvoir compter sur un autre système d'attention, plus vaste : l'attention automatique. C'est elle qui contrôle les images, les sons, les sensations tactiles, les saveurs et les sensations internes qui nous assaillent en permanence. C'est un élément de notre mémoire intelligente qui opère rapidement et précède la pensée consciente. C'est ce qui braque vos yeux sur le point noir se déplaçant au sol bien avant que vous n'en ayez conscience, et ne compreniez qu'il y a des fourmis dans votre cuisine. L'attention automatique contrôle à la fois nos pensées et tout ce à quoi nous sommes exposés. Elle ne consomme aucune énergie mentale ; c'est un système auxiliaire distinct et indépendant, au service de nos pensées et souvenirs.

Nous ne sommes que très peu conscients des informations que nous fournit l'attention automatique. Les pensées qui l'accompagnent sont généralement futiles et superficielles, et les souvenirs qu'elle produit peu consistants – à peine un court extrait de film ou de son. Ce genre d'attention peut déclencher une impression de familiarité ou un sentiment de savoir, sans fournir de détails. Elle est souvent à l'origine d'un sentiment diffus, d'un pressentiment, d'une pensée instinctive ou d'une vague appréhension. L'attention automatique ne laisse que peu de traces de ses efforts, mais elle opère en permanence, à l'affût de tout ce qui pourrait s'avérer important pour nous. C'est ensuite la mémoire intelligente qui sélectionne ce qui l'est vraiment.

Les conducteurs expérimentés ont par exemple recours à l'attention automatique pour l'essentiel de leurs gestes au volant. Elle réagit aux panneaux de signalisation, évite les nids-de-poule, et procède à la multitude de micro-ajustements qui permettent de faire avancer une automobile sans même y songer. Au début, quand nous commençons tout juste à conduire, nous avons une conscience très aiguë de l'effort mental à fournir pour rester attentifs à toutes les tâches, et du fait que cet effort ne suffit pas malgré tout. Nous ne savons pas réagir à la fois aux nids-de-poule, aux ballons rebondissant sur la chaussée, aux enfants qui traversent, aux panneaux de signalisation et aux autres automobilistes. Nous n'avons pas encore façonné la mémoire intelligente qui produit l'attention automatique, ce qui nous laisse entre les mains de notre seule attention consciente, fatalement débordée par tout ce qu'elle est censée traiter.

Mais, après avoir accordé une attention répétée aux gestes de la conduite, les souvenirs se regroupent, les mini-esprits se développent et l'attention automatique, inconsciente, prend le pas. Une fois que l'esprit a appris à discerner tout ce qui permet une conduite sans danger, l'attention qu'on y consacre peut quitter le champ de la conscience pour prendre une forme plus automatique. Chez le conducteur chevronné, les détails de la conduite sont du ressort de l'attention automatique et de la mémoire intelligente, cette dernière détenant les plans de gestion des situations ordinaires. L'attention automatique, par exemple, prend en charge les gestes machinaux, mais elle vous prévient aussi qu'un chat vient de surgir devant votre auto. L'attention consciente prend alors le relais pour assurer un coup d'œil au rétroviseur avant d'autoriser la mémoire intelligente à écraser le frein. L'esprit n'est pas entièrement en mode automatique – il reste toujours sur ses gardes et s'assure constamment que tout va bien. On voit mieux à présent le danger qu'il y a à laisser errer son attention.

L'attention automatique peut être affectée à toutes sortes de tâches. Certaines personnes sont capables de taper un texte sans songer au processus dactylographique, d'autres manient leur calculette sans s'attarder sur chaque manipulation. Il faut très peu d'attention au piéton averti pour se faufiler au milieu d'un embouteillage. Quand nous nous livrons à une activité conduite par l'attention automatique, nous prenons constamment appui sur des souvenirs intelligents qui, en retour, nous rendent encore plus efficaces. Le fin conducteur originaire du Midi qui part s'installer au Canada devra acquérir une nouvelle gamme de souvenirs qui amélioreront sa conduite à jamais. À mesure que vous vous perfectionnez dans quelque chose, votre mémoire gagne en intelligence. L'évaluation rapide de Sherlock Holmes dès sa première rencontre avec Watson est un cas exemplaire d'attention automatique alimentée par la mémoire intelligente. C'est de la fiction, mais le processus est bien celui que connaissent tous les spécialistes.

Voici quelques années, comme elle cherchait à acheter une voiture d'occasion, notre amie Martha a trouvé un petit coupé rouge très à son goût. C'était sa première incursion dans le monde des véhicules d'occasion ; alors, bien consciente que d'importants détails risquaient de lui échapper, elle a demandé à son ami Dan, un coureur automobile amateur, de procéder à une inspection du coupé. Dan a entrepris ses vérifications de la même façon qu'elle l'avait fait, par le compteur kilométrique, suivi d'un tour d'horizon général pour débusquer les problèmes d'usure, d'un coup d'œil sous la caisse à la recherche de traces d'éventuelles réparations du châssis. Mais, contrairement à Martha, Dan ne s'est pas arrêté là. Il a vérifié que l'usure du caoutchouc recouvrant l'accélérateur et le frein correspondait au kilométrage affiché. L'attention automatique de Martha s'était contentée de s'assurer de l'état des housses des sièges, mais Dan a passé les tapis et revêtements au peigne fin, et il y a trouvé de tout petits éclats de verre. Il a expliqué qu'ils provenaient d'une vitre brisée, ce qui signifiait que la voiture avait pu subir un accident. Il fallait donc traquer toute réparation défectueuse.

L'attention inconsciente affûtée de Dan l'alertait de ce que détectaient ses radars mentaux. Ça n'était pas délibéré, mais s'il relevait jusqu'aux moindres détails, c'est que ses connaissances et son expérience avaient exercé son regard à les traquer. Les bris de verre étaient tout aussi « visibles » pour Martha, mais son attention ne s'y était pas arrêtée, pas plus que sur ce qu'ils pouvaient signifier. En revanche, ils n'ont fait que renforcer la détermination de Dan à chercher d'autres dégâts révélant une collision. Dan devant souvent examiner des voitures d'occasion, sa mémoire intelligente est dotée d'exemples parlants qui lui servent de référence à chaque fois.

On peut amener son attention automatique à réaliser des performances remarquables. L'instruction des tireurs d'élite de l'U.S. Marine en fournit un exemple. À l'école de tir, les hommes apprennent pendant trois mois à repérer d'infimes détails qu'ils emmagasinent dans leur mémoire. Ils n'apprennent pas seulement à remarquer la présence d'une boîte de conserve abandonnée, mais à se demander tout ce qu'elle peut signifier – ce qu'elle révèle du ravitaillement de l'ennemi, de son moral ou de son nombre. Cet entraînement commence au niveau conscient, mais les aptitudes ainsi développées finissent par s'installer dans l'attention automatique et inconsciente.

Les instructeurs pratiquent souvent un jeu intitulé « *Keep in Memory, Sniper* » (« Garde ça en mémoire, sniper »), où dix éléments sont disséminés sur le sol d'une pièce pendant qu'on détourne l'attention des élèves (en leur hurlant dessus). Tout l'exercice consiste à faire preuve d'attention mais aucune indication particulière ne leur est donnée. Ensuite, on les envoie en classe, ou courir. Des heures plus tard, parfois même le lendemain, il leur est demandé de dessiner chaque élément qui se trouvait par terre, avec une description de sa fonction, sa taille, sa forme, sa couleur et son état. Il faut en retrouver huit sur dix pour réussir le test. Un autre exercice consiste à modifier certains détails de l'environnement des élèves – en remplaçant par exemple une des photos de la galerie de portraits de l'établissement – avant de leur demander ce qu'ils ont remarqué. Cet entraînement de l'observation et de la mémoire finit par enraciner si profondément cette aptitude en eux que sa mise en œuvre devient automatique. Où qu'on les envoie, ces Marines déploieront automatiquement leur attention inconsciente[7].

Développer son attention automatique n'est pas forcément laborieux. Les lecteurs du *New York Times* ont pu se délecter à chercher le nom « Nina » caché dans les vignettes du dessinateur Al Hirschfeld (Nina est le nom de sa fille). Il paraît que l'U.S. Air Force a utilisé ces jeux pour exercer les pilotes à repérer des cibles au sol[8].

Les tireurs d'élite des Marines doivent avoir l'œil sur à peu près tout, notamment en terre étrangère, parce qu'il est difficile d'y distinguer ce qui est important de ce qui ne l'est pas. Tant qu'ils n'ont pas acquis suffisamment d'expérience dans l'observation d'une situation, leur attention reste en état d'alerte générale. Mais l'un des fondements de leur instruction consiste à identifier ce qu'on ne peut se permettre d'ignorer. Il est impossible de mentalement s'impliquer dans tout ce qui nous entoure. Il faut opérer une sélection, et notre mémoire intelligente nous dit ce qui est pertinent. Lisez par exemple ce paragraphe :

Il fit un pari fou : dormir trois nuits, nu sous un pont à Paris, quand au matin il fait moins six. Il passa donc sous son pont, non pas trois nuits mais un long mois. On ramassa un jour son corps raidi. Mais… il gagna son pari haut la main, l'abruti[9] !

Avez-vous retenu les principaux points de l'histoire ? C'est probable, parce que nous lisons le plus souvent pour le sens. Mais avez-vous remarqué que la lettre *e* n'y figurait pas ? Probablement pas, parce que cette information n'est pas importante à vos yeux, ce qui est le plus souvent justifié.

Savoir distinguer ce qui mérite une observation attentive de ce qui peut être ignoré demande de l'exercice répété, des tentatives et des échecs, et le filtrage par notre attention consciente du souvenir de visions et de sons qui pourront servir plus tard. Si l'on vous demandait à présent de lire quelque chose à la sonorité un peu particulière, vous seriez sans doute averti qu'il faut chercher l'astuce, et les éléments décalés vous sauteraient aux yeux. Remarquez-vous quelque chose de spécial dans cette liste de mots ?

Attention
Samedi
Tu
Utiliseras
Cette
Embarcation

Vous aurez sans doute relevé l'étrangeté du sens de ces mots, et remarqué que leurs initiales constituent le mot ASTUCE. Si vous étiez un espion censé apprendre le déchiffrage de codes, cette forme d'attention serait capitale. Quoi qu'il en soit, vous avez un peu affûté votre attention, tout en sachant que ce que vous avez décelé n'a pas grande importance.

Pareillement, nous apprenons à nous arrêter sur ce qui est important. Le cuisinier est attentif à la température du beurre parce qu'elle détermine la consistance de sa pâte feuilletée. Le mécanicien est attentif au son que produit le démarrage d'une voiture, parce qu'il lui indique s'il faut vérifier les bougies. Le psychiatre a un œil sur le langage corporel de son patient, parce qu'il témoigne de son état de colère. Chacun de nous est doté d'un scanner d'attention automatique pour certaines choses. Et, avec une pratique assidue, il est possible d'accroître ses facultés d'attention, aussi bien automatique que consciente, de façon à doter sa mémoire intelligente d'yeux perçants et d'oreilles fines.

L'« effet cocktail » est un bon exemple de travail simultané de toutes les parties de votre attention. Imaginez-vous au milieu d'une pièce pleine de gens qui discutent, et que de nombreuses conversations parviennent à vos oreilles. Vous parlez avec la personne qui se trouve devant vous, mais bien que vous soyez engagé dans la conversation, vos oreilles pêchent d'autres sons, notamment les mots familiers, comme le nom de votre équipe de football préférée, ou le vôtre. Alors même que vous êtes focalisé sur votre interlocuteur, et que votre esprit procède à la sélection de ce que vous souhaitez garder en mémoire, votre attention inconsciente scanne la pièce à la recherche de sons relatifs à des souvenirs familiers. Dès qu'elle en perçoit, vous cherchez à mieux comprendre en poussant vos circuits mentaux à se concentrer sur ce secteur de la pièce et ces sujets précis[10].

EXERCICES

Les exercices suivants sollicitent à la fois votre attention automatique et votre attention consciente pendant que vous procédez à la lecture ou à l'observation de l'image. Ce que vous remarquerez, et ce que vous laisserez passer, témoignera de vos forces et faiblesses en matière d'attention verbale et visuelle. Nous possédons évidemment d'autres formes d'attention, comme celles appliquées au mouvement ou à l'odeur, mais elles ne sont pas évaluables par le truchement d'un livre. Assurez-vous d'avoir fini l'exercice et répondu aux questions avant d'en lire l'explication.

1. Qui reconnaissez-vous sur cette photo ?
Explication : Sur la droite, à mi-hauteur, se trouve John F. Kennedy. Ce qui est ici mis à l'épreuve, c'est

(Cecil Stoughton, White House/John Fitzgerald Kennedy, Library, Boston)

votre attention automatique, qui parcourt rapidement l'image à la recherche d'un visage familier sans que vous vous en aperceviez.

2. Lisez ce qui suit, puis masquez-le et répondez à la question :

« Je vous prie d'accepter ma démmission. Je ne voudrais pas appartenir à un club qui excepterait pour membres des gens de mon espèce. » (Groucho Marx)

Avez-vous relevé des erreurs dans la citation ?

Explication : Il y a deux erreurs. « Démission » ne prend qu'un « m » et « excepterait » est incorrect : « accepterait » aurait été approprié. Cet exercice éprouve l'attention que vous prêtez à la lecture, mais aussi votre aptitude à distinguer les informations pertinentes des autres. Il vous était demandé de masquer la phrase après l'avoir lue pour vous contraindre à vous remémorer les détails et choisir lesquels sont importants.

3. Lisez ce qui suit, puis masquez-le et répondez aux questions :

Vous êtes le chauffeur d'un car susceptible d'accueillir 72 passagers (il possède 36 sièges de deux places). Au premier arrêt, 7 personnes montent dans le car. À l'arrêt suivant, 3 personnes descendent et 5 montent. À l'arrêt suivant, 4 passagers descendent et 2 montent. À chacun des deux arrêts suivants, 3 passagers descendent et 2 montent. À l'arrêt suivant, 5 passagers descendent et 7 montent. À l'avant-dernier arrêt, 2 personnes montent et 5 descendent.

Combien d'arrêts le car a-t-il effectués ?
Quel est le nom du chauffeur ?

Explication : Ici encore, il fallait trier entre détails pertinents et non pertinents. Pour bien répondre, il fallait se délester des chiffres délibérément confondants et se souvenir du début, où il était dit que le chauffeur, c'était « vous »[11].

4. Consacrez cinq secondes environ à la lecture de chacune des phrases suivantes, puis masquez-les et notez-les sur une feuille de papier.

PARIS

EST UNE
UNE FÊTE

DIABLE

DANS LA
LA BOÎTE

VACANCES

À LA
LA PLAGE

Explication : Dans chaque phrase, un article est répété. Si vous ne l'avez pas remarqué, c'est que vous lisiez en mode automatique. Vous avez vu les phrases, elles vous étaient familières, alors vous avez autorisé votre esprit à passer outre.

5. Que remarquez-vous dans cette photo ?

(Elliott Erwitt, Magnum Photos)

Explication : Vous avez bien vu le petit chien, mais avez-vous aussi remarqué les pattes du gros chien à gauche ? La différence de taille s'ajoutant à vos expectatives – on s'attendrait à trouver quatre pattes à un chien – vous avez pu prendre les pattes du gros chien pour des jambes humaines. Votre esprit s'y est peut-être pris à deux fois en s'apercevant de son erreur. Cet exercice vous contraint à vérifier ce que relèvent vos yeux et à s'assurer de ne rien laisser passer.

6. Lisez ce paragraphe, puis répondez à la question :

En veillant à la continuité du développement et de l'intégration de plans de procédure, vous faciliterez les processus de gestion de façon à développer des programmes de mise en œuvre des processus qu'ils gèrent. Vous serez en outre amené à établir des plans de développement, des méthodes de planification pluriannuelle et à mesurer l'efficacité des processus. En tant que planificateur d'intégration, vous vous trouverez à l'interface du personnel, de la planification et du développement, ainsi que des matrices d'évaluation.

De quel emploi est-il question ?

Explication : C'est une offre d'emploi, telle qu'elle a paru sur Internet, mais nous ne savons pas de quel type d'emploi il s'agit. Si vous êtes parmi les rares à avoir compris, c'est que vous devez être un lecteur particulièrement motivé. Seul le lecteur très impliqué, que ce soit le rédacteur de l'annonce ou un employé qui l'a trouvée sur le bureau du patron, la déchiffrera sans peine.

7. Qu'est-ce qui vous interpelle dans cette photo ?

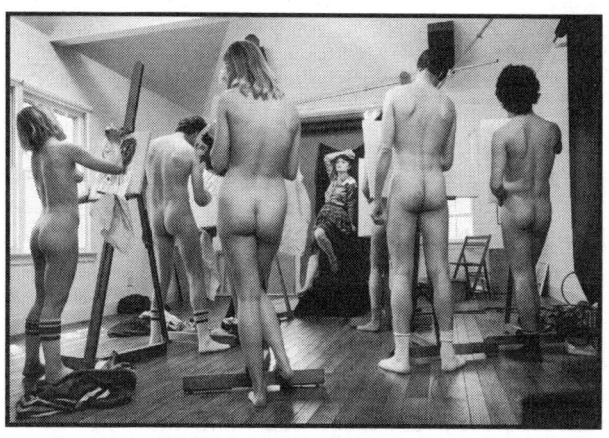

(Elliott Erwitt, Magnum Photos)

Explication : On se doute bien de ce qui a attiré votre attention, mais il y avait un autre élément à relever : le modèle (bien que certains soient parfois plus frappés par les chaussettes des élèves). Le contraste entre l'image habituelle du modèle artistique – c'est généralement lui qui est nu dans l'atelier – et cette scène apporte une touche d'humour à la photo.

8. Observez l'amas de lettres p. 100 disposées au hasard. Tout en les parcourant, tracez un trait reliant le plus grand nombre de « T » possibles en trente secondes.

Explication : Il y a vingt « T » au total. Pour les trouver, vous avez sans doute rapidement fait glisser votre attention et votre œil sur l'illustration, n'accordant à chaque lettre que le temps de déterminer si elle correspondait. Lorsque cela semblait être le cas, vous y avez regardé de plus près. C'est seulement alors que votre filtre de l'attention a déterminé si ce que vous regardiez était bien un « T ». Scanner – prendre une première décision rapide avant d'approfondir pour mieux discerner – est une fonction efficace de l'attention, pourvu que l'on ait une idée de ce que l'on cherche[12].

9. Lisez ce qui suit, puis analysez votre réaction :

« Quelques secondes plus tard, une voix soyeuse se fit entendre, et je dis ce qui me passait par la tête :

— Je crois savoir que vous pouvez me procurer une heure de conversation intelligente.

— Bien sûr, chéri. De quoi avez-vous envie de discuter ?

— J'aimerais parler de Melville.

— *Moby Dick* ou les autres romans ?

— Quelle différence ça fait ?

— Le prix. C'est tout.

— Ça va m'emmener loin ?

— Cinquante dollars, peut-être cent pour *Moby Dick*. Vous voulez une discussion comparative ? Melville et Hawthorne ? Je peux vous arranger ça pour cent dollars.

— Ça marche.

Sur ce, je lui donnai le numéro d'une chambre au Plaza.

— Vous préférez une blonde ou une brune ?

— Surprenez-moi, dis-je.

À peine une heure plus tard, on frappa à ma porte.

— Salut, je m'appelle Sherry.

Ces gens-là savent réveiller vos fantasmes ! Longs cheveux raides, serviette de cuir, anneaux d'argent aux oreilles, aucun maquillage.

Elle alluma une cigarette et démarra :

— Je crois que nous pourrions commencer en considérant *Billy Bud* comme la justification melvilienne des voies du Seigneur par rapport à l'être humain, n'est-ce pas ?

— C'est intéressant, mais pas dans le sens miltonien.

Je bluffais. Je voulais voir si elle tomberait dans le panneau. »

Explication : Dans cet extrait de « Dieu, Shakespeare et moi », de Woody Allen, plusieurs choses ont pu titiller votre attention de lecteur. Si vous avez un penchant pour la littérature, l'idée de conversations littéraires tarifées a dû vous frapper, et le fait qu'on puisse réclamer cent dollars pour discuter de Melville vous aura fait sourire. Un autre élément vous aura peut-être aussi amusé, l'allusion à un rapport plus sexuel que littéraire. Quoi que ce soit qui a attiré votre attention ici, c'est la mémoire intelligente qui l'a déclenché[13].

L'attention est un préalable à l'élaboration de la mémoire intelligente. Les idées et impressions doivent ensuite être groupées par paquets – c'est-à-dire organisées – et entreposées dans la mémoire à long terme. La mémoire intelligente doit pouvoir disposer d'un stock aussi vaste que durable, ce qui exige une foule de stratégies de rangement, comme nous allons le voir au chapitre suivant.

5

Accroître son bloc-notes de mémoire

Possédez-vous un bon bloc-notes de mémoire ?

« "Vous irez me le chercher au vivarium", avait dit la comtesse. Raymond était bien obligé d'aller voir, mais ça le terrifiait : il avait fallu que ça tombe sur lui, avec sa phobie des serpents. Ramener le boa de Madame ! En s'épongeant le front, il maudit la distraction de sa patronne, et sa passion des êtres rampants. Devant la porte du vivarium, il prit le temps de respirer un bon coup, puis entra. Le boa était bien là, suspendu au porte-manteau, avec ses belles plumes carmin. D'un bond, Raymond s'en empara et ressortit de la salle. Ouf ! »

La mémoire de travail, qu'on appelle aussi bloc-notes de mémoire, joue un rôle essentiel dans la compréhension de cette histoire, qui devient un peu déconcertante quand, après avoir délibérément installé l'image d'un serpent dans votre esprit, il est soudain question d'un boa « suspendu au porte-manteau, avec ses belles plumes carmin ». Votre mémoire de travail s'est donc d'abord arrêtée sur l'idée de boa reptile, avant de procéder à une rectification.

La mémoire de travail agit entre la phase d'attention et celle du stockage dans la mémoire à long terme. C'est le bloc-notes temporaire où stationnent obligatoirement tous les éléments susceptibles d'être confiés à la mémoire, le temps pour votre esprit de les ordonner et d'en faire le tri. Rien de ce qui intègre votre mémoire à long terme, pas plus les souvenirs ordinaires que tous ceux qui constituent votre mémoire intelligente, n'échappe à l'étape du bloc-notes.

Cela s'appelle aussi « mémoire de travail » parce que c'est réellement le lieu de travail de la mémoire. C'est là que nous retenons le début de ce que perçoivent nos yeux et nos oreilles pour être en mesure d'en comprendre la suite. C'est le Post-it où l'on inscrit les choses en attendant de décider de les conserver ou pas. C'est là que vous griffonnez mentalement votre itinéraire pour aller à la quincaillerie ou la meilleure solution au problème de maths de votre enfant. Il traite à la fois les informations extérieures qui pénètrent la mémoire, et celles qui remontent des rayonnages inactifs pour être placées sous le projecteur de l'attention.

Si vous avez compris l'histoire qui ouvre le chapitre, c'est que la taille de votre mémoire de travail est satisfaisante. Beaucoup n'y parviennent pas parce qu'il leur faut conserver davantage d'informations qu'elle n'en contient. Pour saisir l'astuce finale, il faut se souvenir de tous les faits qui l'ont précédée, ce qui demande un bloc-notes assez conséquent.

Malgré sa position stratégique, la mémoire de travail est strictement limitée. Notre bloc-notes est relativement petit, ce qui restreint le nombre de pensées que l'on peut simultanément manier, enfourner ou puiser dans la mémoire à long terme. Le moindre relâchement de cette restriction produit d'importantes répercussions sur l'ensemble de nos facultés de mémoire, mémoire intelligente comprise. Dans ce chapitre, nous allons vous montrer comment repousser les limites de votre bloc-notes de mémoire et comment l'associer à votre mémoire intelligente. Mais procédons d'abord à quelques tests complémentaires de votre mémoire de travail.

Test de la mémoire des mots

Lisez chacune des phrases suivantes, puis masquez-les.

Le maraîcher a vendu beaucoup de pommes et d'oranges.
Le marin avait fait plusieurs fois le tour du monde.
La maison possédait de grandes fenêtres et une porte de chêne massif.
Le regard mauvais, le libraire traversa la pièce et jeta le manuscrit sur la chaise.

À présent que vous les avez masquées, essayez de vous souvenir du dernier mot de chacune. Si vous les retrouvez tous, c'est que vous disposez d'une excellente mémoire de travail pour les mots. C'est un indicateur fiable de votre aptitude à comprendre ce que vous lisez. Les étudiants qui ont bien réussi ce test ont également montré une bonne compréhension à la lecture. Ils ont mieux compris les textes ardus, et plus rapidement, que ceux dotés d'une petite mémoire pour les mots[1].

Test de l'empan mnésique

Si vous croyez votre mémoire des chiffres supérieure à celle des mots, voici le test de la séquence chiffrée. Le mieux serait de demander à quelqu'un de vous la lire, parce que le type de mémoire ici testé possède une forte composante auditive. Le testeur lira chaque ligne de chiffres, marquera une pause, puis vous demandera de la lui répéter. Il devra en outre tenir le compte de vos bonnes réponses.

3-4-7 : Pause, interrogation.
8-1-6-5-7 : Pause, interrogation.
3-1-6-8-9-2-4-7 : Pause, interrogation.
5-9-6-3-2-1-7-4-8-6-2-9-3-4 : Pause, interrogation.

Les deux premières séries n'ont pas dû vous poser trop de problèmes. Mais à mesure que la séquence s'allongeait, les choses se sont corsées, et vous en êtes arrivé au stade où, au moment d'entendre la fin de la séquence, les premiers chiffres s'étaient déjà dissipés. De la dernière série, vous avez probablement retenu un ou deux chiffres du début, un ou deux de la fin, mais pas ceux du milieu. Vous aviez au fond peu de chances d'en retenir plus que sept, car telle est la capacité de notre mémoire de travail. Lorsqu'il est à son comble, notre esprit est contraint de se délester d'un chiffre avant d'en accepter un nouveau.

La mémoire de travail est essentielle dans tout. Qu'on soit en train de faire du café, d'écrire une lettre, de calculer la monnaie qu'on doit vous rendre ou de résoudre une panne informatique, la mémoire de travail est là pour nous rappeler ce qu'on vient de faire et ce qu'on s'apprête à faire. Elle joue un rôle si important qu'on la retrouve dans nos ordinateurs, sous le nom de *Random Access Memory*, ou RAM. La RAM contient les informations les plus actives, celles qui doivent rester immédiatement disponibles. De la même façon, notre mémoire de travail maintient certaines informations à disposition de notre esprit – nous les retrouvons sans avoir à fouiller le disque dur.

Privés de ce bloc-notes, la plus élémentaire des conversations nous deviendrait impossible car il nous permet de conserver les mots en tête le temps d'en comprendre le sens. En entendant la phrase suivante (à laquelle nous avons accolé deux fins possibles), vous ne pourrez pas comprendre ce dont parle l'orateur avant d'en avoir perçu les derniers mots, sans avoir oublié les premiers : « Sous les yeux de l'assistance médusée, il se dirigea vers le juge en dénonçant le mépris des règles dont faisait preuve son vis-à-vis par le recours à (*une raquette de type non réglementaire*) (*des témoignages irrecevables*)[2]. »

Tant qu'on n'a pas entendu l'une des fins de la phrase, rien ne permet de déterminer s'il s'agit d'un avocat ou d'un joueur de tennis. Et cela n'est finalement possible que parce que notre bloc-notes en a retenu le début, nous permettant d'y référer immédiatement.

Nous disposons en fait de nombreux petits bloc-notes de mémoire. Pour suivre une conversation, par exemple, nous employons celui consacré aux sons, et spécialement aux mots. Vous connaissez aussi sans doute celui des images visuelles, qui nous permet de retenir des choses qu'on a tout juste aperçues. Ces petits bloc-notes relèvent de notre mémoire de travail, dont ils partagent les limites.

Même lorsque ces bloc-notes travaillent ensemble, notre mémoire de travail ne peut traiter que peu d'informations. Nous l'avons dit plus haut, la plupart d'entre nous ne peuvent traiter plus de sept articles à la fois – en général entre cinq et neuf. Qu'il s'agisse de mots, de nombres, d'images, de sons, de symboles ou d'idées, ce chiffre est invariable.

Ceci présente plusieurs implications, mauvaises pour certaines, bonnes ou très bonnes pour d'autres.

Commençons par les mauvaises nouvelles : les limites de la mémoire de travail sont valables pour tous et elles s'appliquent à tout. George Miller, le premier psychologue à avoir identifié cette caractéristique, a étudié des dizaines d'expériences a priori peu exigeantes pour la mémoire. On demandait par exemple à des gens d'écouter des notes jouées simultanément et d'en distinguer autant que possible, ou de dire combien de différentes concentrations salines on leur faisait goûter. Mais chacune de ces expériences éprouvait aussi la mémoire, puisque les sujets devaient se souvenir de ce qu'ils avaient entendu ou goûté pour relever une différence.

Qu'il s'agisse de sons ou de goûts, le même phénomène s'est invariablement reproduit. Les sujets n'avaient aucun mal à identifier deux ou trois notes, mais à mesure qu'ils croyaient en reconnaître davantage, leur taux d'erreur augmentait. En définitive, ils ne sont parvenus à entendre, sans erreur, que six notes différentes. D'autres auxquels on demandait de distinguer entre différents volumes sonores n'ont pu en reconnaître que cinq à la fois. Ceux qui avaient à goûter différentes concentrations de sel dans l'eau n'ont pu en distinguer plus de quatre sans se tromper. On a aussi essayé de leur faire identifier des cartes à jouer qui leur étaient très rapidement montrées. Le nombre d'identifications est invariablement resté voisin de sept. Quels que soient le pays, la langue ou l'exercice, c'était une limite constante.

Miller en a conclu que : « Nous possédons une capacité limitée et relativement restreinte à produire les jugements unidirectionnels, et cette capacité ne varie pas beaucoup d'un attribut sensoriel à l'autre. » Il a nommé cette capacité moyenne « le sept magique ». Miller avait remarqué que cet apparentement de nos esprits au chiffre sept n'est pas nouveau : « Il y a les sept merveilles du monde, les sept mers, les sept péchés capitaux, les sept filles d'Atlas dans les Pléiades, les sept âges de la vie, les sept niveaux de l'enfer, les sept couleurs primaires, les sept notes de la gamme, les sept jours de la semaine... » Ce chiffre est lié à l'homme depuis des temps immémoriaux. Cela ne pourrait-il pas se devoir au fait qu'il s'agit du maximum de ce que notre esprit peut appréhender à un moment donné ? C'est très précisément la capacité de notre mémoire de travail[3].

Si stricte soit-elle, cette limitation de notre mémoire de travail a du bon. Elle nous force à jeter ce qui mérite de l'être. Imaginez ce que serait notre esprit s'il conservait le souvenir de tout ce qui est jamais entré ou sorti de notre mémoire de travail. Dépourvus de la faculté d'oublier, nous serions noyés dans un flot de faits et de sensations sans intérêt. Nos esprits seraient un « dépotoir d'impressions périmées ». Voici la description qu'a faite un psychologue russe de l'esprit de Solomon Shereshevskii, qui se souvenait de chaque chiffre, chaque mot et chaque expérience sensorielle qu'il ait jamais entendus, vus ou éprouvés. Ses souvenirs d'enfance étaient aussi vifs que s'ils dataient de quelques jours. Il était capable de mémoriser un nombre à cinquante chiffres en moins de deux minutes, et le retrouvait encore sans peine quinze ans plus tard. On ne s'étonnera pas de savoir que Shereshevskii a passé les dernières années de sa vie à tenter de se défaire de l'océan de souvenirs inutiles qui encombraient sa tête[4].

Le *chunking*, ou agrégation

La bonne nouvelle quant à cette limite de notre mémoire de travail, c'est qu'il existe un moyen de la circonvenir – que les psychologues appellent le *chunking*, ou agrégation. Si nous ne pouvons pas apprendre à retenir plus de sept unités d'information à la fois, nous pouvons en revanche accroître la taille de ces unités. C'est comme avec l'argent – votre portemonnaie n'a de place que pour sept pièces, mais il peut s'agir de centimes ou bien de pièces de deux euros. Nous ne pouvons pas nous rappeler plus de sept chiffres à la fois, mais nous pouvons quand même retenir sept nombres à cinq chiffres. Sept lettres. Sept mots. Sept phrases. Sept paragraphes. Sept chapitres. Sept livres. Comment cela se peut-il ? Par agrégation.

Nous procédons naturellement par agrégation dès que nous apprenons à parler et à lire. En acquérant une langue, nous en organisons les fragments – les sons – en morceaux plus gros. L'enfant commence par lire les lettres individuellement, puis il les assemble en syllabes et en mots. Sa mémoire de travail de sept mots en vient bien vite à sept phrases pour, avec la pratique, devenir une mémoire de sept paragraphes. Nous trouvons donc, dans l'organisation et l'assemblage, un moyen de déjouer cette restriction à sept unités.

On a trouvé l'illustration flagrante de cela chez un lycéen nommé S. F. Les chercheurs ont choisi de se pencher sur son cas précisément parce qu'il s'agissait d'un élève moyen, dont les résultats aux tests de mémoire et aux examens d'évaluation à l'entrée du collège n'avaient rien d'exceptionnel. Inconnu des scientifiques menant l'expérience, S. F. était un passionné de cross-country, dont l'enthousiasme était très apprécié de l'équipe d'athlétisme du lycée. Au début de l'expérience, la performance de S. F. au test de la séquence de chiffres n'a rien révélé de particulier. Comme les autres sujets étudiés, après cinq jours passés à écouter et à réciter des nombres, il pensait avoir atteint sa limite, avec huit chiffres. Mais l'expérience s'est poursuivie.

Il s'est alors produit une chose extraordinaire. Le nombre de chiffres qu'il était capable de retenir s'est mis à augmenter à chaque tentative. Sans discontinuer. Au trente-neuvième jour de l'expérience, S. F. pouvait réciter une série de vingt-deux chiffres. Au quatre-vingtième, il en retenait autour de soixante-dix.

S. F. avait trouvé seul une méthode personnelle pour retenir les chiffres par groupes plutôt qu'individuellement. Profitant de son expérience de la course à pied, il avait converti les séquences chiffrées en performances de course. Les chiffres 3-4-9-2, par exemple, sont devenus 3 : 49.2 – un temps avoisinant le record du monde du mile. Les quatre chiffres s'étaient fondus en une unité d'information à part entière, libérant ainsi dans sa mémoire de travail l'espace pour six autres groupes de chiffres. S. F. a créé différentes catégories de temps de course de façon à pouvoir traiter des séquences de plus en plus longues. Vers la fin de l'expérience, après plus de deux cent cinquante heures d'entraînement, son empan de mémoire était passé de huit chiffres à plus de quatre-vingts. Ce n'est pas qu'il avait augmenté la taille de sa mémoire de travail ; il ne pouvait toujours retenir que sept ou huit unités d'information. Mais il avait groupé ces informations de façon à pouvoir en caser davantage à chacune des sept places de sa mémoire de travail[5].

Nous procédons tous par agrégation de façon inconsciente. Nous avons appris à le faire si jeunes que c'est devenu un élément naturel de notre raisonnement. Notre esprit apprécie tous les raccourcis, et particulièrement les éléments d'information susceptibles d'être assemblés pour nous en faciliter la mémorisation. Par exemple, ces groupes de lettres vous paraîtront sans doute faciles à comprendre et à retenir : TV, IBM, TWA, URSS. Mais lorsque les mêmes lettres sont groupées différemment – IW, BMV, SRU, SATT – leur compréhension et leur mémorisation demandent bien plus de temps.

Assembler les chiffres est aisé, et les schémas significatifs sont innombrables. On n'éprouvera aucune difficulté à retenir le numéro de téléphone 01 23 45 67 89 car ses chiffres se suivent. Il en ira de même pour le digicode 3945, qui correspond à une période historique bien connue. Chacun de nous possède des façons d'associer les chiffres qui lui sont propres. S. F., lui, s'est servi de sa connaissance personnelle des temps de course, mais les dates d'anniversaire, celles de l'histoire, ou certaines heures significatives de la journée sont souvent utilisées de la sorte.

L'agrégation ne nous sert pas seulement à apprendre à parler et à lire, nous procédons de la même façon avec l'information de type culturel, comme les symboles communs. Un cercle rouge barré d'une diagonale est un assemblage signifiant « telle activité est interdite ou illégale ». Nous avons aussi des assemblages moteurs ou de procédé : la plupart d'entre nous accomplissent certaines tâches – nouer ses lacets ou peler une orange – comme s'il s'agissait d'un acte unique.

C'est cette agrégation qui donne l'impression que les spécialistes possèdent une mémoire phénoménale. Que ce soit dans les jeux de cartes, la programmation informatique ou la cuisine italienne, le savoir de l'expert est constitué d'immenses assemblages. Et, plus il pratique, plus ces assemblages se développent. Un joueur de poker confirmé, par exemple, dont la main est composée du neuf de carreau couvert, et du huit de cœur, du dix de carreau et du sept de pique découverts, peut concevoir son jeu comme une information unique – c'est une main qui mérite une mise. Le débutant y voit d'abord quatre unités séparées, ce qui complique beaucoup la décision de miser ou pas.

L'agrégation n'est pas toujours spontanée. Les éléments d'information ne présentent pas toujours de schéma évident et ne suggèrent pas forcément grand-chose. Les éléments d'une liste de courses peuvent sembler assez distincts et n'avoir que peu de rapports entre eux. Un assemblage réussi demande parfois une certaine dose de réflexion et d'analyse. Il faut fouiller sa mémoire à la recherche de caractéristiques cachées susceptibles de relier entre elles des bribes d'information. Il existe d'innombrables moyens d'assembler les informations, que ce soit par leurs caractéristiques superficielles telles que la trame visuelle, leur couleur et leur forme, ou la trame auditive, comme la rime (c'est ce qui rend les vers rimés faciles à apprendre) ou par des caractéristiques plus enfouies, comme un lien historique donné.

L'agrégation servant à retenir des numéros de téléphone ou des listes d'emplettes est une chose, mais celle qui fait levier sur notre bloc-notes de mémoire, et nous permet d'assimiler le savoir sous une forme convertible en mémoire intelligente en est une autre, qui demande habituellement davantage d'effort. Il s'agit cette fois d'organiser et de retenir des idées et des processus mentaux complexes. Comme, par exemple, lorsqu'on assemble les nombreux éléments d'un problème sous forme de solution qu'on retiendra pour l'appliquer à nouveau le cas échéant.

Composer des paquets bien ficelés

Selon le type de lien qui joint leurs éléments, les assemblages peuvent être « distendus » ou « compacts ». L'assemblage est distendu lorsque ce lien est vague et quelque peu lointain. En période de révisions, les étudiants en médecine utilisent ce genre d'assemblage lorsqu'ils mémorisent un acronyme composé des initiales des éléments d'une liste à retenir. Comme, par exemple, « BAR TABAC » pour les facteurs de risque des cancers de la vessie (Bilharziose, Amines aromatiques, Radiations, Tabac, Aniline, Benzène, AndoxAn, Chroniques infections).

Cette méthode n'est pas infaillible, parce que l'orthographe des mots n'a que peu de rapport avec leur sens, leur fonction ou d'autres caractéristiques plus importantes. Les étudiants en médecine ne retiennent ces assemblages que s'ils en font un usage pratique régulier. Autrement, l'information s'évanouit.

Les méthodes d'assemblage significatives, qui produisent des agrégats « compacts », se révèlent plus efficaces. Les informations constituant ces assemblages sont liées par autre chose que leur simple apparence – ce peut être leur fonction, par exemple, ou leur importance. Ces assemblages compacts sont plus faciles à mémoriser, mais souvent plus difficiles à élaborer, car leur façonnage exige davantage d'attention. Il faut parfois examiner séparément chaque élément d'information pour trouver à l'ensemble des propriétés communes et porteuses de sens.

À la recherche des schémas possibles

Le plus souvent, un lot d'information recèle différents types de schémas à la fois. Il y a d'abord bien sûr ce qui saute aux yeux, la forme, la couleur, la taille ou la texture. Un schéma sera nettement plus facile à mémoriser s'il restitue la signification des différents éléments d'information. Si les joueurs d'échecs ont tant d'ouvertures possibles en tête, ce n'est pas parce qu'elles se ressemblent toutes, mais pour leur influence sur la partie : certaines donnent de meilleurs résultats que d'autres.

Ne vous êtes-vous jamais demandé au restaurant comment certains serveurs parviennent à enregistrer une montagne de commandes, avec leur lot de spécifications individuelles et de modifications de dernière minute, pour revenir servir à chacun précisément ce qu'il avait demandé ? Ils font de l'assemblage par schéma. Des chercheurs se sont penchés sur un groupe de serveurs, dont faisait partie J. C., qu'on disait capable de retenir vingt commandes de dîners complets. Intrigués par cette performance, ils ont reproduit un restaurant en laboratoire, avec une carte proposant huit entrées, des viandes à cinq niveaux de cuissons (de bleu à bien cuit), cinq assaisonnements pour la salade, et trois légumes d'accompagnement. Ce prétendu restaurant comptait des tables de deux à huit personnes. Au total, J. C. pouvait avoir à se souvenir de plus de 600 commandes possibles.

Tous les serveurs devaient recevoir les commandes d'un certain nombre de « clients », et J. C. a été le seul à les retenir sans problème. Il procédait par agrégation et par étiquetage. Plutôt que de chercher à mémoriser une succession de commandes séparées, avec à chaque fois une entrée, un assaisonnement et un légume, il groupait les commandes. À chaque table, il regroupait entrées, assaisonnements et légumes et attribuait une étiquette, un schéma au groupe entier. Par exemple, ayant attribué un chiffre à chaque degré de cuisson – de 1 pour bleu à 5 pour bien cuit – il lui suffisait de retenir une série de chiffres. Si les quatre clients d'une table voulaient respectivement leur viande bleue, saignante, à point et bleue, il mémorisait la combinaison 1-2-4-1. Il avait ainsi transformé chaque assaisonnement en lettre, « R » pour le roquefort, « V » pour la vinaigrette et « E » pour l'échalote. Si des quatre clients, l'un désirait la sauce au roquefort, deux autres celle à l'échalote et que le dernier voulait la vinaigrette, cela donnait « R-E-V-E »[6].

En créant une gamme de schémas cohérents à ses yeux, J. C. avait étendu la capacité de sa mémoire de travail à plus de vingt unités. Voici d'autres méthodes qu'il aurait pu employer :

• Pour retenir des listes – des instructions, par exemple –, relever les informations créant du lien, de façon à composer des séquences où la dernière action d'une étape appelle la suivante.

• Se fonder sur des caractéristiques visuelles, comme la couleur, la texture, la taille ou la localisation dans l'espace.

• Choisir des schémas de lettres, de mots ou de chiffres, comme les consonnes doublées, les initiales, les terminaisons, ou différentes combinaisons chiffrées aboutissant toujours au même total.

Assembler pour produire du sens

On peut trouver des schémas partout, et les plus utiles sont ceux qui ont un sens. Non contents de vous permettre d'étirer votre mémoire, ils assureront en outre à votre esprit un meilleur fonctionnement la prochaine fois que vous rencontrerez le même type de problème.

Voici longtemps de cela, un instituteur a posé le problème suivant à sa classe d'enfants de dix ans : il fallait additionner les nombres de un jusqu'à cent (soit $1 + 2 + 3 + \ldots + 98 + 99 + 100$). Il pensait que ses élèves y passeraient beaucoup de temps, mais il n'avait pas fini l'énoncé que l'un d'eux voulait déjà répondre. L'instituteur a attendu que toute la classe ait fini pour comparer les résultats. La seule réponse exacte était celle de l'élève rapide, qui avait décelé un certain schéma dans l'addition des nombres : on pouvait les assembler par paires dont la somme était 101 : $1 + 100 = 101$; $2 + 99 = 101$; $3 + 98 = 101$, etc. Il y avait 50 paires de 1 à 100, soit 50 fois 101, la réponse était donc 5 050.

Ne vous en veuillez pas de ne pas avoir trouvé cela vous-même. Le garçon en question n'était autre que le prodige Carl Friedrich Gauss, qui deviendrait l'un des plus grands mathématiciens de tous les temps. Mais à présent qu'il nous a montré la voie, notre mémoire est en mesure de nous simplifier la tâche. Quelle est la somme de tous les nombres de 1 à 99 ? Inutile de poser l'addition, c'est la somme des nombres de 1 à 100 que vous connaissez déjà (5 050) moins 100, soit 4 950.

Trouver des modèles

Il est parfois plus facile de se souvenir de quelque chose si l'on y voit un processus ou un mécanisme. Retenir l'ensemble des étapes de la résolution d'un problème sous forme de solution individuelle dote notre mémoire intelligente d'un « paquet-solution » qui pourra resservir face à un problème similaire. Cette méthode accroît sensiblement notre capacité de réflexion, parce que beaucoup de nos problèmes sont génériques – il s'agit à chaque fois du même obstacle, mais dans des circonstances et sous des apparences différentes. La vie quotidienne ne cesse de nous poser des défis relevant de l'investissement, de l'équation distance/vitesse/temps, du rapport coût/profit ou des pourcentages. En apprenant à identifier le problème d'ordre général caché derrière ses aspects individuels, on conserve non seulement le souvenir du problème, mais aussi celui de sa solution.

Bien des gens se heurtent régulièrement à des questions qu'on pourrait regrouper dans la catégorie générale des « frais fixes ». En voici quelques exemples :

Une semaine après avoir fait effectuer de coûteuses réparations sur votre voiture, remplaçant l'allumage, les plaquettes de freins et les amortisseurs, vous apprenez qu'il faut à présent revoir la boîte de vitesses. En vous demandant s'il ne vaudrait pas mieux vous débarrasser de la voiture plutôt que d'y réinvestir le moindre sou, vous prenez en considération ce que vous y avez déjà dépensé ou englouti.
Vos actions Skyrocket Corporation sont passées de 20 euros, prix auquel vous les avez acquises, à 10. En vous interrogeant sur l'opportunité de les revendre, vous tenez compte de votre investissement initial.

Il est pourtant vain de calculer votre investissement sur la base de ce que vous avez déjà dépensé. Il est nettement plus fructueux de n'en considérer que la valeur future. Si l'achat d'une nouvelle boîte de vitesses vous procure une voiture capable de rouler encore cinq ans, cela aura valu la peine. Si vous pensez que la Skyrocket Corporation fera mieux l'année prochaine, mieux vaut en conserver les actions. Ce que vous y avez déjà investi ne compte pas – il faut faire une croix sur les frais fixes.

En envisageant les solutions sous cet angle, on se fabrique des mini-esprits solution, qui interviendront chaque fois que les circonstances s'y prêteront. Les actes successifs qui les composent sont désormais agrégés, et ils fonctionnent en mode automatique. Vous êtes sans doute déjà pourvu de mini-esprits solution. Pour en tirer le meilleur parti, il faut découper le problème en tronçons de taille préhensible par vos mini-esprits. Pour cela, on peut employer la méthode consistant à faire le parcours à rebours. Abordez le problème par l'objectif final avant de déterminer les étapes qui y conduisent. Il existe aussi la méthode de la fin et des moyens, proche de la précédente, qui consiste à déterminer une série de sous-objectifs ; plutôt que de viser directement la solution ultime, focalisez-vous sur une série de plus petits problèmes qui, ensemble, résoudront le grand. Il y a encore la méthode dite de « l'ascension de la colline » – identifiez certaines étapes vous rapprochant d'une solution, même s'il ne s'agit pas de l'objectif final. Quand le progrès n'est pas manifeste, revenez à la précédente et choisissez-en une autre qui vous rapproche davantage. Avec un peu de pratique et d'assiduité, chacune de ces méthodes peut cesser d'être une succession d'étapes distinctes pour devenir un processus unique que vous déclencherez automatiquement.

L'agrégation est un moyen efficace de raffermir sa mémoire et de la développer. Comme on le verra au prochain chapitre, beaucoup d'autres stratégies de sauvegarde des souvenirs permettent d'y accéder à tout moment, et spécialement quand votre mémoire intelligente sera sollicitée.

EXERCICES

1. L'exercice suivant met votre bloc-notes de mémoire à l'épreuve. Lisez le paragraphe, masquez-le, puis répondez à la question.

Hier, j'étais assis avec Robert, Paul, Thierry et le reste de ma bande au grill, quand j'ai eu une impression désagréable. Louis a inséré une pièce dans le juke-box et sélectionné un des derniers succès de rap catholique. J'ai observé, avec effroi, la façon dont mes copains réagissaient à la musique. C'est surtout le visage de mon meilleur ami qui m'a choqué. Éric semblait prendre ça très au sérieux, et il martelait furieusement la mesure sur la table. En général, je suis du genre à apprécier les mêmes choses que les garçons de mon âge. J'aime les filles aux cheveux blonds, les filles aux boucles brunes, toutes les filles en fait. J'aime les glaces, les matchs de foot et les fêtes sur la plage. J'aime les blue-jeans, les tee-shirts et les rollers. Ce n'est pas que je n'apprécie pas le rap, mais j'estime qu'il ne faut pas prendre ça trop au sérieux. Pourtant il était là, lui, tout sérieux et envoûté par la musique.

Qui était tout sérieux et envoûté par la musique ?

Réponse : C'est Éric. Si vous avez répondu correctement, c'est que votre bloc-notes de mémoire a réorganisé sous forme de gros tronçons les noms et informations que livrait le texte. Chacun de ces tronçons était bien plus qu'un amas de faits isolés : c'était un lot d'informations connexes, comme l'image de garçons, leurs attitudes et l'effet de ces dernières sur le groupe. Certains termes, comme « rap catholique », ont sans doute fait jaillir un gros bloc d'images, d'associations et d'interprétations. Si votre réponse était incorrecte, c'est peut-être que vous ne saviez pas quoi conserver dans votre mémoire de travail. Le texte ne fournit aucune indication d'importance des éléments qu'il contient. En outre, la notion de rap catholique, genre musical pour le moins inhabituel, s'est probablement figée dans votre mémoire de travail, vous empêchant d'en retenir davantage[7].

2. Ci-dessous se trouve un carré composé de neuf chiffres différents qui présentent une particularité commune : que ce soit verticalement, horizontalement ou en diagonale, leur somme est toujours égale à quinze. L'exercice consiste à trouver un moyen de mémoriser l'ordre des chiffres pour transformer votre souvenir de ce carré en un fragment unique. Les amas de chiffres sont souvent rébarbatifs et propices à l'oubli, mais les assemblages d'information plus intéressante le sont moins. On peut par exemple fragmenter ces chiffres en trois lignes horizontales qu'on fera précéder d'un 1, ce qui transformera notre carré en 1492 – date de la découverte de l'Amérique par Christophe Colomb ; 1357 – les quatre premiers chiffres impairs ; et 1816 – date de ce qu'on a appelé « l'année sans été », suite à l'éruption successive de plusieurs volcans. Cherchez d'autres façons de retenir ces chiffres dans l'ordre.

4	9	2
3	5	7
8	1	6

3. Voici un assortiment d'objets, dont la plupart figurent en deux exemplaires, mais certains sont uniques. Observez-les pendant quatre minutes puis relevez ceux qui n'y figurent qu'une fois. Ne notez pas vos réponses au fur et à mesure ; conservez-les dans votre mémoire de travail jusqu'au bout, puis notez-les avant de vérifier vos réponses.

Réponse : Les objets n'apparaissant qu'une fois sont la poule, la bicyclette, le bateau à voile, la chaussure et la maison. Reconnaître et retenir les exemplaires uniques, surtout quand on se force à oublier les doubles, éprouve la mémoire de travail[8].

4. La mémoire ordinaire n'entrepose dans le bloc-notes de mémoire que des éléments individuels, mais la mémoire intelligente vous permet d'y constituer des assemblages, ce qui accroît d'autant sa capacité.

Pour ce faire, la mémoire intelligente vous aide à déceler entre différents éléments des connexions qui resteront en vous. Cette agrégation s'avère particulièrement utile en présence de gros paquets d'information, tels que des séries de nombres ou de dates à retenir. Si, dans votre vie quotidienne, vous avez du mal à retenir ce genre de faits, les astuces suivantes vous mettront sur la voie d'un tronçonnage des informations importantes.

Code d'accès personnel : Choisissez un jour et un mois correspondant à une date importante.

Mot de passe informatique : Une amie reprend les noms des animaux qu'elle a possédés dans son enfance, et les imagine à ses pieds au moment de demander l'accès.

Numéro de compte bancaire : Il y a des chances que vous puissiez distinguer dans les groupes de chiffres une date et une heure, un montant, une série de poids et mesures, ou les âges de différentes personnes. Vous pouvez aussi y débusquer une trame interne – des chiffres qui se suivent, qui s'additionnent, ou s'inversent par effet de miroir.

Une procédure complexe : Votre chat suit un traitement à base de piqûres, et c'est à vous qu'il échoit parfois de les administrer. Le vétérinaire vous a donné les instructions suivantes : pincez la peau de la nuque du chat, puis plantez l'aiguille parallèlement à sa colonne vertébrale. Vous pouvez retenir le geste à accomplir en songeant « faire une petite tente – entrer par son ouverture ».

Combinaison de coffre : Il est possible de mettre une combinaison en vers – par exemple, 7, 6, 2, 8 peut devenir : « La re*cette*/des sau*cisses*/et des vian*des*/bien *cuites* ».

5. Voici 36 cases dont chacune contient un motif. Certains motifs apparaissent dans plus d'une case. Parcourez chaque rangée et relevez la première apparition de chaque motif. À chaque case, vous devez dire si vous avez déjà vu son motif ou pas (essayez de ne pas revenir en arrière). Parcourez l'ensemble de la grille en une minute et voyez si vous trouvez la première apparition de chaque motif.

Réponse : Plus encore que dans d'autres exercices, il fallait ici étirer son bloc-notes parce que chaque ligne comporte neuf motifs, soit deux de plus que la capacité normale. En outre, certaines lignes comportent des motifs n'apparaissant pas dans d'autres. Les motifs sont difficiles à assembler visuellement, mais leur donner des noms peut s'avérer utile : damier, écailles, barreaux, vagues, croix[9]...

6. L'exercice suivant est censé tester votre mémoire de travail auditive – votre aptitude à retenir ce que vous entendez. Cette mémoire nous sert constamment, notamment pour la conversation. La meilleure façon de réaliser cet exercice sera de demander à quelqu'un de vous lire chaque liste de gauche à droite, et, après chaque ligne, de vous en faire répéter le plus de mots possible. Toutefois, à défaut de collaborateur, lisez chaque série de mots,

en ne vous attardant qu'un instant sur chacun, masquez-la et vérifiez votre souvenir.

Liste 1 : chat rue Lens zinc grec pull bois pain fil Ain

Liste 2 : université Louisiane télévision aluminium biologie dictionnaire hippopotame uranium académie Australie

Réponse : Vous aurez sans doute remarqué qu'il vous a été plus facile de retenir la première liste, celle des monosyllabes, que la seconde, polysyllabique (qu'il a d'ailleurs été plus long de lire). Estimez-vous dans la moyenne si vous avez retenu au moins cinq monosyllabes ou au moins trois polysyllabes. Le temps accordé étant si bref entre la lecture de la liste et sa récitation, l'essentiel de vos réponses est venu de votre mémoire de travail, pas de votre mémoire permanente. Les monosyllabes sont un test plus direct de votre mémoire de travail, et ils vous montrent qu'elle peut contenir entre cinq et neuf éléments[10].

6

Emmagasiner davantage

On ne peut pas retenir ce qu'on n'a pas sauvegardé. Jouir d'une mémoire intelligente à la fois rapide et profonde, mais aussi d'une bonne mémoire ordinaire, passe donc impérativement par un stockage sans faille. Si la mémoire ordinaire se contente d'empiler des faits isolés, la mémoire intelligente, plus complexe, exige que tout soit classé, car elle n'est pas seulement dépendante du volume de l'information emmagasinée, mais aussi de sa disposition. Lorsqu'elle est bien organisée, la mémoire intelligente nous permet de bondir d'une connexion à l'autre. Inversement, si elle ne l'est pas, elle brouille nos pensées, et les condamne à une errance sans fin ou à l'impasse.

Trois règles sont indispensables à un stockage bien agencé. D'abord, il faut être pourvu d'un bon système d'archivage. Ensuite, il faut s'assurer qu'au moment de l'acquisition des informations – à l'apprentissage – on établit les meilleures connexions possibles, et les plus nombreuses, avec les souvenirs déjà présents.

Troisièmement, il faut régler la cadence de l'apprentissage de façon à laisser le temps à ces connexions de se cimenter dans l'esprit. Une connexion tout juste créée est fragile. Elle risque d'être effacée sous le flot d'information entrante. En ajustant la cadence de l'intégration des données, on en tire le meilleur au service de la mémoire intelligente.

Espace illimité

Nous sommes capables de retenir beaucoup de faits – pas autant qu'un ordinateur, et pas aussi nettement ou intégralement, mais en quantité considérable. Lors d'une expérience sur la capacité de la mémoire, on a montré les diapositives de 2 560 visages à des étudiants. Chacune ne restait à l'écran que dix secondes. Le visionnage a duré près de sept heures, réparties sur plusieurs jours, et, une heure après avoir projeté la dernière, on leur a présenté 2 560 diapositives supplémentaires. Chacune présentait cette fois un couple de visages dont l'un figurait dans la série précédente. On a donc demandé aux étudiants lequel des deux visages ils avaient déjà vu. Malgré l'immensité de la tâche, la plupart des étudiants ont obtenu des notes de 85 à 95 pour cent[1].

La mémoire est aussi bien plus durable qu'on ne l'imagine. En se remettant à l'espagnol cinquante ans après les cours qu'ils avaient suivis au lycée, certains adultes ont été capables de retrouver quelques mots, et de lire un peu[2]. Vous êtes peut-être certain de n'avoir retenu les grandes dates de l'histoire ou les verbes irréguliers anglais que le temps de passer les examens, mais certains demeurent en vous.

Vous avez aussi acquis une foule d'autres informations de façon bien moins délibérée. Vous avez absorbé des normes de comportement social et classé tout ce que vous avez jamais lu dans le journal. Ces informations intègrent votre mémoire permanente d'une façon assez semblable à celle des faits que vous confiez à votre mémoire. Mais, nous l'avons vu, apprendre « par hasard » n'est jamais aussi efficace que le faire en focalisant son attention. Toutefois, au fil d'un contact répété, votre esprit s'imprègne de quasiment tout ce à quoi vous l'exposez. Cette absorption à l'échelle d'une vie compte parmi ce qui fait toute la force de votre mémoire, et notamment de votre mémoire intelligente.

Une bonne organisation peut apporter à la mémoire intelligente plus d'ampleur et de puissance que n'en possède n'importe quelle mémoire d'ordinateur. Les souvenirs de la mémoire intelligente ne sont pas stockés dans des cases isolées ; ils sont équipés de multiples connexions, ce qui les rend accessibles par autant de voies différentes. Essayez par exemple de répondre à ces questions : dans quel pays se trouve Montréal ? Connaissez-vous le sens du terme « magasin » ? Quel ustensile sert-il à couper des aliments ? Quelle est la durée du mandat présidentiel en France ? Que doit-on faire lorsqu'on rencontre quelqu'un ? Qu'est-ce qui ne va pas dans la phrase « Le lança garçon ballon le. » ? Quelle est la principale composante de l'air ? Les requins ont-ils des jambes ? Vous connaissez sans doute directement certaines réponses, qui se trouvent dans votre mémoire (par exemple le fait que Montréal soit au Canada). Mais on ne vous a probablement jamais explicitement enseigné que les requins ne possèdent pas de jambes, il ne s'agit donc pas d'un fait présent dans votre mémoire. Pourtant, il vous a sans doute fallu moins longtemps pour répondre au sujet des requins que pour situer Montréal. Aucun ordinateur ne saurait procéder avec une telle facilité. Grâce à votre mémoire intelligente et à son organisation. Le mot « requins » est associé à une image de requin présente dans votre esprit, où ne figurent pas de jambes. Ou encore, le mot « requin » est associé à « poisson », et vous savez bien que les poissons n'ont pas de jambes. Toujours est-il que vous avez sans doute répondu négativement bien avant d'avoir conscience du raisonnement qui vous y avait conduit. C'est encore l'œuvre de la mémoire intelligente.

Nous sommes capables de répondre instantanément à une infinité de questions de ce genre. Songez à tout ce que vous savez du langage, des conventions sociales, des affaires du monde, de la géographie, des humains et des animaux, sans parler de l'ensemble de vos connaissances personnelles, de la race de votre chien ou des formalités à remplir pour que votre employeur rembourse vos frais. Tant d'informations témoignent d'une capacité de stockage quasiment illimitée. Mais cela démontre aussi que chacune a été classée de façon à pouvoir être retrouvée et utilisée avec souplesse.

En fait, tout réside dans la souplesse. C'est ce qui vous permet d'observer ce qui vous occupe l'esprit sous des perspectives totalement différentes de celle qui était la vôtre au moment où vous l'avez emmagasiné. Quel rapport y a-t-il entre les requins et les arbres ? (Tous deux sont vivants, ne serait-ce que cela.) La souplesse vous permet de fouiller votre mémoire par approximation : connaissez-vous quelqu'un qui se comporte en requin ? Quelles races de chien ressemblent au carlin ?

Pour que cela soit possible, il faut que chaque information soit entreposée au bon endroit, c'est-à-dire dans une case de votre esprit qui lui corresponde, d'où l'on puisse aisément l'extraire, et qui soit clairement reliée à d'autres informations. C'est un peu comme ranger un document important, qu'il faudra conserver longtemps, dans un classeur. En parcourant les intercalaires, vous vous interrogez : faut-il le classer selon le nom de l'expéditeur ? Selon sa date ? Son thème ? Son intitulé ? Vous savez pertinemment que ce choix déterminera votre capacité à le retrouver l'an prochain. S'il vous faut la certitude absolue de pouvoir le trouver, le mieux sera d'en faire plusieurs copies, que vous classerez à chaque endroit concevable. C'est un peu ce que fait votre mémoire intelligente, mais de façon bien plus efficace. La mémoire intelligente attribue une place au nom du document, une autre à sa date, une troisième à son sujet, etc., et elle les relie toutes. Cela a beau ressembler dans votre esprit à un document unique, il a en fait été fragmenté en éléments interconnectés.

En compagnie familière

Il est plus facile de nourrir sa mémoire quand il s'agit d'informations et de rubriques déjà présentes en nous que s'il faut en créer de nouvelles. Chaque rubrique est un bac de rangement, parfois d'un seul tenant, parfois doté de sous-sections. Les premiers correspondent à vos domaines d'expertise personnels. Si vous êtes photographe, vous possédez sans doute un bac « objectifs ». Si vous aimez les chats, vous en possédez un sous la rubrique « maladies félines ». Et il est plus facile de mémoriser une chose ressemblant à ces articles qu'une autre ne ressemblant à rien de ce que vous connaissez déjà. En l'absence d'information pertinente ou de contexte préexistant auquel rattacher l'information entrante – en l'absence de bac – l'esprit peine à comprendre, et certains détails risquent d'être oubliés ou mal interprétés. Lisez à titre d'exemple le paragraphe ci-dessous et demandez-vous de quoi il traite :

La procédure est somme toute assez simple. D'abord, triez les choses selon différents groupes correspondant à leur texture. Évidemment, selon le volume à traiter, un tas peut suffire. Si, par défaut d'équipement, vous devez vous déplacer, cela constitue l'étape suivante ; sinon, vous êtes prêt. Il est essentiel de ne pas trop en faire d'un coup. C'est-à-dire que mieux vaut en faire trop peu que trop à la fois. Cela peut sembler anodin à court terme, mais trop en faire peut vraiment créer des complications. Et la moindre erreur peut coûter cher. La manipulation des mécanismes appropriés devrait aller de soi, nous ne nous y attarderons donc pas ici. Au début, l'ensemble de la procédure peut paraître complexe. Cela devient pourtant assez vite une activité courante de la vie quotidienne. Rien ne porte à croire que cette tâche pourrait perdre de son importance dans le futur, mais sait-on jamais ?

Qu'avez-vous retenu de ces instructions ? En l'absence de toute catégorie ou de tout contexte pour leur donner du sens, pas grand-chose sans doute. Vous n'avez retenu qu'une série de recommandations assez vagues. Mais parcourez à nouveau le paragraphe en y accolant l'intitulé « laver du linge ». Voilà qu'il fait sens. Ce désespérant fatras d'instructions signifie à présent quelque chose. La catégorie « laver du linge » permet de situer chaque consigne dans un contexte et de l'associer à un processus familier[3].

Évidemment, il faut davantage de temps et d'énergie mentale pour retenir quelque chose de totalement nouveau que quelque chose de familier. Voici deux façons de classer les informations quand tel est le cas :

Vous êtes en train d'apprendre la comptabilité, et plus précisément la règle selon laquelle, dans les livres de comptes, le débit occupe toujours la colonne de gauche, et le crédit celle de droite. Comme vous ne faites que débuter, le bac de rangement mental dont vous disposez pour la comptabilité est sans doute encore assez petit. Mais si vous êtes conducteur, vous disposez déjà d'une vaste catégorie mentale correspondant au fait de rouler à droite de la chaussée. Vous pouvez donc retenir ces informations comptables de la façon suivante : à droite, l'argent qui entre, le crédit (c'est une bonne chose, comme de rouler à droite), et à gauche, l'argent qui sort, le débit (une mauvaise chose, comme de rouler à gauche). Avec le temps, les bacs de comptabilité prendront leur indépendance, et finiront même par pouvoir héberger à leur tour d'autres connexions.

Vous partez camper pour la première fois, et on vous a expliqué quels serpents sont venimeux et lesquels ne le sont pas. Ceux qui ont des rayures noir et rouge sont inoffensifs, mais ceux dont les rayures sont orange et rouge sont dangereux. Votre bac à serpents est assez limité, mais celui des couleurs est immense. Vous pourrez donc retenir ces informations capitales sur les serpents en les associant aux catégories de couleurs existant déjà en vous. Le feu orange étant un signal d'avertissement, cette association vous

133

permettra de vous souvenir que les rayures orange sur un serpent signifient « danger ».

L'élaboration

L'élaboration permet d'offrir à l'information entrante un bien plus grand nombre de points de chute dans votre esprit, ce qui les rend d'autant plus faciles à retrouver quand il le faut. La meilleure élaboration possible d'une information dépend de son contenu… et du vôtre. Vous pouvez par exemple l'associer à un souvenir familier, la visualiser, lui donner davantage de sens. Si vous parvenez à la caser tout entière dans un scénario cohérent, c'est encore mieux. La plupart d'entre nous possèdent une bonne mémoire des histoires. Et beaucoup s'en racontent inconsciemment. On retiendra par exemple aisément les dates de la saison des ouragans dans les Caraïbes à l'aide de cette élaboration : « En juin, c'est encore loin ; en juillet, tiens-toi prêt ; c'est août qu'on redoute ; septembre est plus tendre ; octobre est sobre. » Voilà une jolie élaboration, qui non seulement rime, mais évoque une petite histoire.

Ce procédé permet d'emmagasiner de grandes quantités d'informations complexes. On trouve un exemple très poussé de cela chez les acteurs qui apprennent un scénario. Ils sont censés parfaitement retenir des heures de dialogue tout en les interprétant. À l'audition, il leur est demandé de jouer mot pour mot une scène qu'ils viennent à peine de parcourir. Cette faculté, qui épate le commun des mortels, est à la portée de tous. Les acteurs procèdent par élaboration. À la lecture d'un scénario, ils se demandent la raison du choix de chaque terme : quelle intention se cache derrière les mots ? Quel effet produisent ces paroles sur les autres personnages ? Lors d'une expérience, on a demandé à des acteurs de lire un dialogue entre un homme et une femme à propos de l'amour et de l'infidélité.

Voici comment l'un des acteurs a conduit son élaboration sur la base de deux mots correspondant à une réplique du personnage féminin (« Et alors… ? ») et à la réponse qu'il devait donner (les italiques correspondent aux extraits du dialogue) :

Elle dit, « *Et alors… ?* »
Voilà qu'elle me pousse à creuser plus loin avec son « *Et alors… ?* »
Autant lui dire ce qui me chiffonne : « *Elle le portait au moment où nous sommes partis ensemble.* » Eh bien, si ce qu'elle portait quand nous sommes partis ensemble se trouve ici alors qu'elle n'y est pas encore elle-même, c'est manifestement qu'elle est revenue entre-temps pour le voir. En tout cas, elle n'est pas revenue sans raison, et si j'avais le moindre doute quant aux sentiments de ma fiancée, il me serait facile de croire qu'elle soit revenue pour lui[4].

Un acteur ne cherche pas à mémoriser des mots précis en tant que tels, il les retient en s'attardant sur leurs implications. Les chercheurs ont ensuite mis le même dialogue entre les mains de Harry Lorayne, le célèbre mnémotechnicien. Sa mémoire s'est certes révélée étonnante, mais il en a quand même moins retenu que les acteurs professionnels. Il s'y prenait de façon très différente. Voici ce qu'en ont dit les auteurs de l'étude : « Lorayne semblait regarder le scénario de l'extérieur, comme autant

d'informations à retenir ; les acteurs, eux, semblaient le regarder de l'intérieur, comme une vie
demandant à être vécue. »

Pour mieux retenir l'information, les détenteurs
d'une mémoire extraordinaire s'appuient eux aussi
sur des histoires, comme Shereshevski, un mnémotechnicien russe, qui cherchait à retenir la formule
suivante :

$$N \cdot \sqrt{d^2 \times \frac{85}{vx}} \cdot \sqrt[3]{\frac{276^2 \cdot 86\, x}{n^2 v \cdot \pi\, 264}} \quad n^2 b = sv\, \frac{1624}{32^2} \cdot r^2 s$$

Voici une partie de la longue histoire qu'il a élabo-
rée (les parenthèses renvoient aux éléments de la formule) : « Neiman (*N*) est sorti, puis il a martelé le sol
de sa canne (•). Contemplant un vieil arbre desséché,
qui lui a fait songer à une racine ($\sqrt{\ }$), il s'est dit :
"Pas étonnant que cet arbre se soit desséché et que
ses racines soient ainsi à nu, puisqu'il était déjà là
quand j'ai bâti ces maisons, ces deux-là (*d*²)..." Il a
dit : "Ces maisons sont anciennes, il faudrait les renforcer d'une croix (*X*)." Cela lui vaudra un gros
retour sur investissement, puisqu'il avait engagé
85 000 $ (85) dans leur construction. On achève la
construction par le toit (—), et, en bas, un homme est
en train de jouer de l'harmonica (*vx*)... »

L'histoire se poursuit ainsi jusqu'au dernier symbole de l'équation. Les gens normaux ne brodent que
rarement avec autant de verve, mais inventer une histoire porteuse d'une signification personnelle accroît
sensiblement les chances de s'en souvenir[5].

Avec le temps, l'élaboration devient de plus en
plus facile. Contrairement au type d'histoires qu'on

échange entre amis ou en famille, celles-ci sont à votre usage exclusif, elles peuvent donc être aussi saugrenues que vous le désirez. Attention toutefois, les élaborations trop bizarres, trop éloignées de votre pensée habituelle empruntent des sentiers que vous risquez de ne plus retrouver. Si, par exemple, pour retenir que le chef-lieu de la Corrèze est Tulle, vous vous dites : « Dans le tulle, le corps est à l'aise », il se peut que vous ne retrouviez jamais l'état d'esprit qui vous avait inspiré cette association textile, ou que vous ne vous rappeliez pas qu'il s'agissait du tulle. Sans compter que le tulle n'est pas forcément une matière confortable. Une élaboration raisonnable vous permet de consolider des connexions signifiantes tout en vous évitant de frôler la psychose chaque fois qu'il faudra vous souvenir de quelque chose.

Plus on élabore, mieux on sauvegarde. Plus vous réfléchissez aux éléments distinctifs de ce que vous souhaitez retenir, plus vous pouvez en emmagasiner. Dans l'élaboration narrative, le fil de l'information peut être tenu par la chronologie (comme dans la comptine de l'ouragan), par des rapports de cause à effet, par rapprochement avec des expériences personnelles, ou par rattachement à un savoir, à des souvenirs acquis. Chacun de nous, en piochant dans des pensées ou des épisodes personnels, élabore à sa façon. En voici d'autres :

L'emploi de rimes fait appel au vocabulaire pour bâtir un souvenir porteur de sens. « En avril ne te découvre pas d'un fil, en mai, fais ce qu'il te plaît », est un dicton classique qui permet de se souvenir que les éclaircies d'avril sont trompeuses car les températures ne montent vraiment qu'en mai. Cette méthode permet d'emmagasiner des informations complexes, tant que la rime fonctionne.

Comme la rime, les chansons et mélodies fournissent des schémas qui facilitent l'apprentissage des mots. La musique combine des mots et des phrases de taille gérable, met de l'emphase sur certains points choisis et sollicite votre mémoire auditive. Les gens à qui l'on donne une liste de mots à mémoriser sur un fond sonore musical les retrouvent bien plus tard lorsqu'ils réentendent la même musique. La mélodie doit toutefois rester simple et facile à chantonner. Pour mettre quelque chose en musique, on peut par exemple commencer par battre un rythme pendant qu'on l'apprend.

L'expérience personnelle peut servir à associer ce que vous souhaitez retenir à ce que vous savez déjà. Un mordu de golf cherchant à mémoriser l'usage des différents formats de clés anglaises pourra associer chacun à un type de club spécifique, comme le *wedge* ou le *driver*.

Pour mémoriser les instructions complexes comportant plus d'étapes que ne peut en retenir votre mémoire de travail, essayez de visualiser un schéma d'ensemble de la manœuvre plutôt que de retenir les mots. Cela permet de caser davantage d'information dans la mémoire de travail.

Vous pouvez aussi trouver une métaphore correspondant aux informations que vous souhaitez emmagasiner, surtout si elles paraissent sans rapport entre elles, ou si elles proviennent de sources différentes, ou si ce que vous cherchez à retenir est particulièrement ardu.

Élaborer pour le sens

L'élaboration pour le sens est un type particulier d'élaboration. C'est une méthode plus efficace, parce que nous sommes d'ordinaire plus sensibles au sens qu'à la sonorité de ce que nous apprenons. Lisez ces phrases, puis masquez-les et essayez de vous souvenir de « qui a fait quoi ».

1. Le gros a acheté le cadenas.
2. Le costaud a nettoyé le pinceau.
3. Le chauve a découpé un coupon d'achat.
4. Le pauvre est entré dans le musée.
5. Le drôle a admiré la bague.

Voici à présent des versions élaborées de ces phrases, lisez-les, recouvrez-les, et essayez de retrouver « qui a fait quoi ».

1. Le gros a acheté le cadenas pour le mettre à la porte du frigo.
2. Le costaud a nettoyé le pinceau pour repeindre ses haltères.
3. Le chauve a découpé un coupon d'achat de lotion capillaire.
4. Le pauvre est entré dans le musée pour se mettre à l'abri de la pluie.
5. Le drôle a admiré la bague gicleuse au magasin de farces et attrapes.

Les phrases de la deuxième série sont plus longues, mais elle ont plus de sens que les précédentes, et vous avez probablement eu moins de mal à les retenir[6].

Emplacements multiples

Plus vous attribuez d'emplacements à une information, plus elle aura de chances de résister au temps et d'être accessible. Pour stocker l'information, notre esprit emploie ce qu'on appelle un code. Les codes peuvent être visuels, auditifs (comme dans les vers en rime), porteurs de sens, ou prendre d'autres formes. Par bonheur, le codage multiple se fait de façon quasi automatique grâce à la mémoire intelligente : il est impossible d'empêcher son esprit de visualiser quelque chose en voyant le mot « éléphant », ou de lui interdire d'emmagasiner ce souvenir dans deux endroits au moins – en tant que mot, et en tant qu'image d'éléphant.

Le codage multiple demande que l'on consacre un certain effort à la recherche de différents codes et connexions. Selon les individus, certains de ces codes et connexions seront plus aisément assimilables que d'autres, du moins au début. On cherche souvent à visualiser ce qui doit être retenu, car c'est une méthode relativement simple et efficace. D'autres possèdent une bonne mémoire des odeurs et des saveurs. D'un voyage en Italie, ils ne retiendront pas les œuvres de Michel-Ange mais plutôt le parfum humide des rues après la pluie. D'autres, plus sensibles aux sons, trouveront plus utile le codage sonore : ceux-là auront retenu que « salami » rime avec « origami ». Quel que soit le type de vos associations, y soumettre l'information entrante vous permet de mieux la retenir, et – c'est peut-être le plus important – de l'intégrer à un réseau de votre mémoire intelligente qui perdurera longtemps après que le fait isolé se sera évanoui.

Quand vous croisez des choses et des idées que vous souhaitez conserver, observez-les sous autant de perspectives que possible. Dites-vous que vous examinez une pierre précieuse, en étudiant la façon dont chaque facette réfléchit la lumière, et que vous la faites lentement tourner pour l'observer sous tous les angles. Vous constaterez que chaque perspective apporte une nouvelle image, et donc un nouvel emplacement pour l'y ranger. En essence, il s'agit de développer l'image visuelle d'une idée pour lui permettre d'occuper plusieurs niches dans votre esprit.

Visualisation et mnémonique

Si le codage visuel est aussi utile à la plupart d'entre nous, c'est que la vision est l'un des plus puissants systèmes de notre mémoire. Près de quarante pour cent du cerveau sont consacrés à la vision – c'est de loin la mieux lotie de nos fonctions. C'est pourquoi notre mémoire de reconnaissance des images – notre faculté de savoir si l'on a déjà vu quelque chose auparavant – est plus performante que celle des mots ou des concepts. Alors, si vous trouvez un moyen de visualiser quelque chose, vous avez plus de chances de le retenir.

Certains mots se prêtent mieux que d'autres au stockage sous forme d'images visuelles, selon qu'ils sont concrets ou pas. On visualisera plus aisément « ciseaux » que « liberté », qui est une notion abstraite. Les termes concrets provoquent une visualisation automatique grâce à la mémoire intelligente.

On accuse parfois la mnémonique de reposer sur des raccourcis mentaux tout juste bons pour les concours radiophoniques. Il est vrai qu'elle ne saurait fournir qu'une aide limitée à la mémoire intelligente. Elle n'en constitue pas moins un excellent exercice de stockage par l'imagerie interactive. Quelle que soit la nature de ce qu'il faut retenir, et le temps qu'il faut le retenir, on emmagasine bien mieux lorsqu'on a l'habitude de recourir aux images.

La mnémonique ne date pas d'hier – on attribue aux Grecs l'invention de la méthode dite du « loci », ou du « parcours mental », qui recourt à la localisation pour fixer quelque chose dans la mémoire. Cela consiste d'abord à mentalement visualiser un lieu familier, comme votre maison, votre bureau ou votre jardin. Il faut que vous le connaissiez au point de pouvoir en revoir les détails. Imaginez ensuite que, l'une après l'autre, vous déposez chaque chose à mémoriser à une place différente dans ce lieu. En révisant les éléments mémorisés – mettons qu'il s'agisse d'acheter des gants et de l'eau minérale – imaginez-les à la place que vous leur avez attribuée, ou en interaction avec l'environnement, comme une paire de gants jetée sur la chaise de jardin et une bouteille dont on verse l'eau dans l'abreuvoir de la cage à oiseaux. Au moment de retrouver votre liste, parcourez mentalement ce lieu familier, cela devrait déployer votre mémoire. C'est la méthode qu'ont choisie neuf mnémotechniciens sur dix dans le cadre d'une étude sur leurs talents exceptionnels[7].

Une autre technique consiste à associer un objet à chaque chiffre de un à dix. Ce peut être par exemple : un comme lapin, deux comme feu, trois comme roi, quatre comme théâtre, cinq comme zinc, six comme saucisse, sept comme chaussette, huit comme marguerite, neuf comme œuf, et dix comme oryx. Vous aurez remarqué qu'à des fins de mémorisation, les mots riment avec les chiffres. Une fois que vous connaissez ces couples par cœur – et que vous possédez une vision quelque peu développée de chaque image, comme un roi avec sa couronne et son trône, ou un oryx bondissant dans la savane, une séquence de chiffres devient une série d'objets mis en rapport. Si vous avez à retenir trois choses à faire dans la matinée – payer l'électricité, arroser les fleurs et acheter du dentifrice – il vous suffit de fabriquer les images suivantes : votre note d'électricité enroulée comme une carotte et rongée par un lapin, votre massif de fleurs en flammes qui demande de l'eau, et un roi en train de se laver les dents.

Cette méthode peut rendre bien des services. L'un de nos amis prétend qu'il lui doit une partie de sa carrière, notamment pour tout ce qui touche à la vente. C'est le P.-D.G. d'une entreprise publique florissante, et il a appris cette méthode dans l'armée de l'air, pendant son instruction de pilote de combat. Lors de missions de bombardement, il fallait retenir les chiffres qu'affichaient tous les instruments et une foule d'autres informations indispensables pour prendre des décisions en un clin d'œil. Il affirme que cela lui a permis par la suite de devenir un vendeur efficace – il n'oublie jamais de noms, de numéros ni de listes de tâches à accomplir.

Les champions des concours de mémoire exagèrent par exemple souvent les traits du visage de leurs interlocuteurs afin d'en dégager un indice et un nom qu'ils pourront retenir. On peut aussi codifier les chiffres par paires pour les longues séquences chiffrées. On attribue à un couple de chiffres un code significatif, comme 00 = bicyclette, deux roues ; 51 = anisette ; et 39 = Hitler, car c'est l'année du début de la Seconde Guerre mondiale. Le nombre 395 100 deviendrait donc Hitler s'emparant d'une bouteille de pastis avant de grimper sur son vélo. Par cette méthode, un mnémotechnicien a pu retenir 15 000 numéros de téléphone de Blackpool, en Angleterre[8].

Quelle que soit la méthode choisie, la mnémotechnique repose toujours sur les mêmes principes : association de ce qui doit être appris à ce qui est déjà acquis ; stockage d'une même information dans des bacs multiples ; surcroît d'attention et d'intérêt au moment de l'acquisition, pour l'enraciner plus profond et le rendre plus durable ; stockage avec indices permettant de retracer l'information ultérieurement. Enfin, bien entendu, la mnémotechnique est aussi un moyen parmi d'autres de se répéter ce qu'on veut apprendre.

Pour ce qui concerne la mémoire intelligente, toutes ces techniques ne valent pas l'acquisition par le sens ou la substance. Elles vous permettent seulement de retenir de l'information, sans rien ajouter à sa valeur. Mais sachez tout de même, si vous avez à retenir quelque chose, que ça fonctionne. Les acteurs professionnels ne manquent pas d'y faire appel pour venir à bout de tournures ou de répliques difficiles, comme Mel Brooks et Anne Bancroft dans *To be or not to be*, qui avaient à apprendre une chanson en polonais[9].

Répétition et entraînement

La méthode par laquelle on se répète quelque chose pour l'apprendre détermine l'aisance avec laquelle on l'emmagasine. « Développer » ce qu'on apprend – y ajouter des explications personnelles – et bien saisir les concepts rend l'information plus exploitable par la suite. Contrairement à l'apprentissage par cœur, une répétition enrichie de réflexion crée de nouvelles connexions neurologiques dans le cerveau. Si l'on observe au scanner un débutant et un expert accomplissant la même tâche, les zones cérébrales activées sont distinctes, les pensées du spécialiste paraissant plus élaborées[10]. Dans la pratique, cela se traduit par le fait que l'expert apprend plus vite, qu'il en retiendra davantage et saura l'appliquer dans une plus grande variété de situations.

Quel que soit leur domaine, la plupart des spécialistes se livrent souvent à une répétition mentale. Le concertiste songe à la façon dont il interprétera chaque passage d'un morceau avant de monter sur scène. Le coureur chevronné revoit chaque colline, chaque portion plate, chaque virage de la course qui l'attend. Cela semble évident, mais ça ne l'est pas tant que ça, car on tombe facilement dans l'insouciance, se contentant d'une ou deux répétitions rapides avant de passer à autre chose. Mais il en faut davantage pour être efficace, et, surtout, il faut faire cette répétition à voix haute. En l'absence d'image visuelle susceptible de stimuler la mémoire, notre mémoire auditive est particulièrement fiable, même lorsqu'il s'agit de notre propre voix.

Si l'on ne l'enrichit pas, la répétition en soi est une méthode assez faible. La moindre élaboration rend la mémorisation plus efficace. Ne vous est-il jamais arrivé en entendant une blague de jurer que vous la retiendriez et de l'oublier aussitôt ? Il vous aurait simplement suffi de vous la raconter tout haut, avec tous ses gestes et expressions. Mais la répétition est déjà une forme d'élaboration, car chaque fois que l'on parcourt quelque chose mentalement, on le développe.

L'entraînement prend toute son importance lorsqu'il faut retenir une procédure, comme le remplacement d'une roue de voiture. Le souvenir des étapes sera plus durable si, en les révisant, vous en comprenez toute la logique ou les raisons sous-jacentes. Les événements sont plus faciles à mémoriser lorsqu'ils répondent à une séquence logique que sous forme de succession de faits déliés. En percevant les raisons de cet ordre, vous créez en vous le mini-esprit d'une série de règles, susceptible à la longue de diriger la manœuvre sans même que vous ayez à y songer. Vous n'aurez pas seulement acquis du savoir, vous aurez appris à le faire fonctionner.

Une assimilation espacée

Que diriez-vous de mémoriser davantage tout en y passant moins de temps ? Vœu pieux ? Voilà pourtant des années que cela se pratique. L'astuce consiste à ne pas chercher à tout apprendre d'un coup mais par petits lots répartis sur une longue durée. Vous aurez passé au total moins de temps à apprendre, et ce que vous aurez appris aura été classé de façon plus pertinente et durable.

L'efficacité de cette méthode a été amplement démontrée. Voici quelques années, par exemple, les postiers britanniques ont suivi des cours de dactylographie, en vue de la mise en service d'un nouveau type de code postal. Ils avaient le choix entre quatre formations présentant différents niveaux d'intensité et de fréquence. La plus intense comportait deux cours quotidiens de deux heures. La plus souple, une heure seulement, et pas tous les jours. Il a fallu au groupe intensif – celui des quatre heures par jour – quatre-vingts heures d'instruction pour atteindre un nombre acceptable de codes saisis à la minute. Celui qui n'y a passé qu'une heure par jour a atteint ce niveau après seulement cinquante heures d'instruction. Plusieurs mois après la fin de la formation, ce groupe avait mieux retenu les cours que l'autre. Le seul défaut de l'apprentissage étalé, c'est qu'il sous-entend par définition que la période d'apprentissage sera plus longue[11].

Cet exemple n'est pas unique, loin de là. En fait, le principe est si connu qu'un nom lui a été donné : l'effet d'espacement. Les raisons de son efficacité sont multiples. D'abord, il est plus facile de se concentrer sur des périodes courtes et soutenues. On pourrait croire que deux heures de cours valent mieux qu'une, mais nous ne sommes généralement capables d'apprendre intensément que pendant moins d'une heure, le temps restant est donc gâché. Sur une heure, l'esprit n'a pas trop le loisir de vagabonder, et la conscience que ça ne durera pas facilite la résistance aux pensées distrayantes.

L'efficacité de l'apprentissage étalé tient aussi au fait que les informations entrantes ont moins de chances de faire interférence avec ce qui est déjà acquis. L'interférence est l'une des principales causes d'oubli. En dissociant les phases d'apprentissage, on apporte à chaque lot d'information davantage de distinction dans l'esprit. En outre, l'espacement offre au cerveau le temps de refaire le plein d'éléments chimiques et nutritifs qui composent les souvenirs et que l'apprentissage consomme. Ce temps supplémentaire assure donc une plus grande robustesse aux nouvelles connexions.

Enfin, l'espacement permet aux informations entrantes de connaître une plus ample dissémination dans le cerveau, et de nouer davantage de contacts avec les souvenirs déjà présents. On pourrait com-

147

parer cela à une pluie fine mais durable, qui imbibe bien mieux le sol qu'une averse torrentielle s'écoulant avant d'avoir pu s'infiltrer. La petite pluie régulière correspond à l'apprentissage espacé, et l'averse au bourrage intensif de la mémoire. Ce type d'apprentissage, plus long mais plus pénétrant, est mieux à même de stimuler la mémoire intelligente.

L'équipe de nuit de votre cerveau

Le transfert d'éléments entre le bloc-notes de mémoire et la mémoire à long terme ne s'effectue pas seulement pendant l'éveil. Un nombre croissant d'indices porte à croire que notre cerveau est capable d'y procéder pendant notre sommeil. Il se pourrait même que nous fassions davantage d'acquisitions permanentes en dormant qu'éveillés. La question reste ouverte, parmi d'autres, comme : quel type d'information est mieux assimilé dans le sommeil (les aptitudes ou les faits, par exemple) et à quel moment précis du sommeil cela se produit-il ? (En phase de rêve ?) Ce qui est sûr, c'est que notre mémoire fixe moins bien les choses quand on manque de sommeil. Votre maman avait raison : rien ne vaut une bonne nuit[12].

EXERCICES

1. Essayez-vous donc à cet exercice, vous constaterez qu'une touche de réflexion suffit à améliorer le stockage par la mémoire.

Répondez à chaque question concernant le mot qui la suit :

Ce mot est-il en minuscules ?	chien
Ce mot est-il en majuscules ?	pomme
Ce mot est-il en minuscules ?	SOLDAT
Ce mot est-il en majuscules ?	TÉLÉ-PHONE
Ce mot est-il en minuscules ?	imperméable
Ce mot est-il en majuscules ?	CHUTE
Ce mot est-il en minuscules ?	jogging
Ce mot est-il en majuscules ?	roux
Ce mot est-il en minuscules ?	jugeote
Ce mot est-il en majuscules ?	CINÉMA

Masquez à présent la liste et essayez de retrouver le plus grand nombre de mots possible. Notez ce nombre.

À présent, lisez et répondez aux questions suivantes :

Ce mot rime-t-il avec main ?	interrompre
Est-ce le nom d'un légume ?	Californie
Ce mot est-il en majuscules ?	brumeux
Est-ce le nom d'un animal ?	mouflette
Ce mot rime-t-il avec dimanche ?	mensuel
Ce mot est-il en majuscules ?	MIAOU
S'agit-il d'une marque de voitures ?	Toyota
Ce mot rime-t-il avec chaussure ?	tonsure
Ce mot est-il en majuscules ?	prix
S'agit-il d'un type d'aliment ?	lotion

Une fois encore, masquez la liste et retrouvez le plus grand nombre de mots possible.

Explication : Votre souvenir de la seconde liste est sans doute nettement meilleur que celui de la première, parce que ses questions imposaient davantage de réflexion. Il n'a pas suffi de vérifier la casse du mot (minuscules ou majuscules), il a fallu en examiner le sens ou la sonorité. C'est une technique basique du stockage des souvenirs – fabriquer des images, poser des questions, envisager des perspectives – qui leur permet de se fixer en différents endroits de votre mémoire permanente.

2. Voici deux séries de questions. Répondez à la première et notez le temps que cela vous a pris, puis faites de même avec la seconde.

Première série
Trouvez un fruit dont le nom commence par la lettre S.

Trouvez un animal dont le nom commence par la lettre P.

Trouvez un oiseau dont le nom commence par la lettre R.

Trouvez un pays dont le nom commence par la lettre T.

Trouvez un acteur célèbre dont le nom commence par la lettre C.

Trouvez une actrice célèbre dont le nom commence par la lettre B.

Trouvez un légume dont le nom commence par la lettre A.

Trouvez une fleur dont le nom commence par la lettre D.

Seconde série
Trouvez un fruit dont le nom finisse par la lettre A.
Trouvez un animal dont le nom finisse par la lettre F.

Trouvez un oiseau dont le nom finisse par la lettre D.

Trouvez un pays dont le nom finisse par la lettre O.

Trouvez un acteur célèbre dont le nom finisse par la lettre Y.

Trouvez une actrice célèbre dont le nom finisse par la lettre P.

Trouvez un légume dont le nom finisse par la lettre S.

Trouvez une fleur dont le nom finisse par la lettre T.

Explication : Il vous a probablement fallu plus de temps pour répondre à la seconde série qu'à la première. Cela est dû à la façon dont nous entreposons les informations, qui est déterminante dans la facilité ou la difficulté qu'il y aura à les retrouver. Nous classons les noms par leurs initiales, pas par la troisième ni la dernière lettre. Nous les classons par rubriques, ce qui nous permet de rétrécir notre champ de recherche. Ne disposant pas de rubrique pour les dernières lettres, nous en sommes réduits à parcourir au hasard les noms que nous connaissons, de les tester l'un après l'autre pour vérifier si leur dernière lettre correspond à ce que nous cherchons. Les noms commençant par une lettre donnée sont ainsi rapidement venus à l'esprit, mais pour trouver une dernière lettre qui corresponde, il a fallu parcourir chaque fois toute une rubrique, et tester chaque nom qu'elle contient[13].

3. Doter l'information d'une rubrique peut y ajouter du sens et la rendre plus aisément mémorisable. En voici un exemple :

Lisez les phrases suivantes, en ne vous accordant pas plus de cinq secondes pour chacune.

Stéphane a marché sur le toit.
Charles a pris l'œuf.
Philippe s'est montré grossier.
Serge a fait voler le cerf-volant.
Franck a actionné l'interrupteur.
Albert a construit un bateau.
Samuel s'est cogné la tête au plafond.
André a démissionné.
Jacques a réparé la voile.
Édouard a écrit la pièce de théâtre.

Pour tester votre mémoire, cachez les phrases et répondez aux questions suivantes :

Qui a construit un bateau ?
Qui a pris l'œuf ?
Qui a marché sur le toit ?
Qui a démissionné ?
Qui a fait voler le cerf-volant ?
Qui a réparé la voile ?
Qui s'est cogné la tête au plafond ?
Qui a écrit la pièce de théâtre ?
Qui a actionné l'interrupteur ?
Qui s'est montré grossier ?

Vous ne disposiez probablement d'aucune rubrique pour chacune des assertions. Vous trouvant dans l'incapacité de les stocker parmi des souvenirs familiers, les retenir a été laborieux. Lisez à présent les dix suivantes, en n'accordant à nouveau que cinq secondes à chacune.

Stéphane et le Père Noël ont marché sur le toit.
Charles et Caliméro ont pris l'œuf.

Philippe et le général Cambronne se sont montrés grossiers.

Serge et Benjamin Franklin ont fait voler le cerf-volant.

Franck et Thomas Edison ont actionné l'interrupteur.

Albert et Noé ont construit un bateau.

Samuel et Michael Jordan se sont cogné la tête au plafond.

André et Lionel Jospin ont démissionné.

Jacques et Christophe Colomb ont réparé la voile.

Édouard et Molière ont écrit la pièce de théâtre.

Cette fois encore, masquez les phrases et répondez aux questions :

Qui a construit un bateau ?
Qui a pris l'œuf ?
Qui a marché sur le toit ?
Qui a démissionné ?
Qui a fait voler le cerf-volant ?
Qui a réparé la voile ?
Qui s'est cogné la tête au plafond ?
Qui a écrit la pièce de théâtre ?
Qui a actionné l'interrupteur ?
Qui s'est montré grossier ?

Cette fois, vous disposiez de catégories et de connaissances préexistantes auxquelles vous raccrocher. Cela rend l'information nettement plus intelligible, plus simple à classer et à retrouver, bien que la quantité totale d'informations soit ici légèrement supérieure. Cette méthode d'accompagnement familier demande du temps, surtout en présence d'informations vraiment nouvelles. Mais elle bâtit sur des connaissances déjà acquises[14].

Un emmagasinage réfléchi des informations et du savoir pose de solides fondations pour la mémoire intelligente. À ce stade du processus, vous avez établi le terrain, rassemblé les éléments, que vous avez judicieusement disposés pour en faciliter l'assemblage sous forme de mémoire intelligente. La prochaine étape – le développement des connexions – constitue la mise à feu de la mémoire intelligente. Nous allons vous montrer au chapitre suivant comment relier les souvenirs en solides chaînes de pensée.

7

Faire jaillir les connexions

Ce qui donne son intelligence à la mémoire intelligente, ce sont les connexions, qui, en raccordant une pensée à l'autre, constituent des chaînes d'idées capables de résoudre un problème ou de faire naître une nouvelle pensée. Chaque connexion établie apporte davantage à la mémoire intelligente qu'une simple idée ou information. Elle ouvre des centaines, des milliers de nouvelles voies dans votre esprit.

Les connexions s'établissent de différentes façons. Elles sont d'abord le sous-produit naturel de l'apprentissage, parce que apprendre implique nécessairement qu'on associe. Emparez-vous d'une pomme et voilà qu'une entreprise informatique vous vient à l'esprit. La pensée consciente et l'imagination sont les plus efficaces à ce jeu. Contentez-vous d'imaginer que vous mordez dans une pomme, et l'image, le goût, le juteux et le croquant du fruit se trouvent aussitôt un peu plus fermement associés dans votre esprit. On peut aussi forcer son esprit à établir des connexions en juxtaposant des images, des idées, et des pensées en général.

Savez-vous faire le rapprochement ?

Les histoires drôles sont un bon révélateur des connexions dont vous êtes déjà pourvu et de votre façon d'en créer de nouvelles. Jusqu'au moment de la chute, les connexions déjà en place vous entraînent sur une piste de suppositions, de concepts et de significations prévisibles. Mais, au dernier moment, l'histoire quitte brusquement cette voie pour une autre, très différente, vous faisant aussitôt créer une nouvelle connexion. C'est l'instant où l'on saisit une plaisanterie : une collision entre l'attendu et l'inattendu ; et l'on rit de prendre conscience qu'on a été piégé. Ce choc est révélateur des connexions qu'emprunte votre mémoire intelligente. Essayez d'identifier le cheminement des pensées ou les sens qui s'entrechoquent dans les blagues suivantes.

Bill Gates, de Microsoft, se gargarise auprès du P.-D.G. de General Motors des progrès de son domaine. Il dit : « Si l'industrie automobile avait tenu la cadence de l'informatique lors des dernières décennies, nous ne serions pas au volant de huit cylindres en V mais de trente-deux cylindres en V, qui atteindraient les quinze mille kilomètres à l'heure. »
« C'est sûr, répond l'autre, mais qui voudrait d'une voiture qui vous plante quatre fois par jour ? »

Un sourd s'assied sur un banc dans un square. Le gardien s'approche et lui dit :
« Faites attention ! Ce banc, on vient juste de le repeindre !
— Comment ? dit le sourd.
— Ben, en vert ! »

Le cuisinier japonais a perdu le sommeil, il se fait bien du sushi !

Louis se démène au téléphone. « Caldwell, je voudrais parler à M. Reginald Caldwell. »
La standardiste demande : « Vous pouvez épeler ? »
Louis : « C comme Clarisse, A comme Anatole, L comme Léonard, D comme Daniel, W comme Wagon… »
Et la standardiste d'interrompre : « W comme quoi ?[1] »

« Non, non, pas une meute ! on dit un groupe de touristes. »

Qu'est-ce qu'il y a de drôle ?

La blague sur Bill Gates invite aux suppositions et significations habituelles du monde informatique, avant de brusquement sous-entendre un autre sens au verbe « planter ». Celle sur le sourd joue sur la sonorité des mots pour créer une collision de sens. La plaisanterie sur le chef japonais est un calembour évident qui nous amuse en confondant « sushi » et « souci ».

En revanche, si la plaisanterie sur la standardiste ne vous a pas fait rire, vous êtes loin d'être le seul. Beaucoup ne la saisissent pas tout de suite. Pour qu'une histoire drôle déclenche instantanément le rire, il faut que la collision entre l'attendu et l'inattendu soit soudaine. Comme les autres, celle-ci repose sur une collision, ici entre le raisonnable et l'absurde, mais l'absurdité ne crève pas les yeux parce que la question de la standardiste peut paraître raisonnable. Ce n'est qu'après un temps de réflexion – peu importe le mot employé pour illustrer le W puisque la standardiste a compris que c'était un W – que l'humour apparaît.

Enfin la vignette procède à une inversion des mondes humain et animal, puiqu'on y voit des lions tenir le type de propos que nous tenons sur la dénomination précise des différents groupes d'animaux.

L'humour des blagues obéit à un mécanisme semblable à celui qui déclenche la mémoire intelligente. L'un comme l'autre procèdent par association d'au moins deux concepts ou séquences de pensée. Pour qu'une histoire soit drôle, elle doit nous faire créer de nouvelles associations – des rapprochements d'images ou de concepts que l'on n'a jamais faits auparavant.

Pour notre usage ordinaire de la mémoire intelligente, il n'est pas nécessaire que ces connexions soient totalement nouvelles ou fantasques ; il suffit qu'elles soient utiles. Dans un cas comme dans l'autre, il s'agit toujours de découvrir une connexion qu'on s'ignorait, d'en développer certaines qu'on possédait déjà, ou d'en créer d'entièrement nouvelles.

Fabriquer de meilleures connexions

Chacun de nos souvenirs est porteur de connexions. On ne saurait concevoir une idée, un concept, un épisode vécu ou un fait totalement isolés. Le moindre souvenir déclenche des associations, le plus souvent communes et prévisibles. On connaît la pratique des psychologues qui se basent sur ces connexions ou associations ordinaires pour apprécier l'écart qui sépare la pensée du patient de la norme. Il y a cent ans, Carl Jung a mis au point un test d'association de mots qui sert encore aujourd'hui. Vous n'auriez sans doute aucune peine à identifier les couples ou les associations de mots qu'il considérait comme « normales » – tête-pied ; fenêtre-chambre ; payer-facture ; ou table-chaise. D'autres associations moins communes, comme celles qui suivent, ne semblent pas déraisonnables pour autant, mais ce ne sont ni les premières ni les plus fortes dans l'esprit de la plupart des gens :

Fenêtre-icône
Tête-patron
Table-plateau
Crédit-finance

Il est aussi possible de cerner le type de connexions que vous établissez naturellement en les violant délibérément. En quoi ces phrases vous frappent-elles ?

J'ai mangé un immeuble au petit déjeuner.
Chloé frissonna sous l'eau chaude.
Le crayon n'y voyait pas grand-chose.
Ce livre est très heureux.

Évidemment, dans certaines situations, ces associations seraient des lieux communs. Godzilla n'engloutit que des immeubles au petit déjeuner, et Chloé, qui frissonne sous l'eau chaude, a toujours été très frileuse – certaines personnes sont comme ça. Le crayon et le livre sont des personnages de dessin animé. Mais pour aboutir à ces interprétations métaphoriques, il faut avoir créé de nouvelles connexions[2].

En général, nos connexions courantes fonctionnent bien, elles nous permettent d'assembler les pensées les plus utiles ou les plus pertinentes. Au volant, par exemple, nous associons instantanément l'allumage des feux arrière du véhicule qui nous précède à l'action de presser le frein. Nous associons aussi la moindre sensation de dérapage de notre voiture au geste de braquer le volant. Quand nous avons appris à conduire, un lien s'est fait entre la direction et le volant. Des années de pratique ont cimenté ce lien, qui est à présent si bien implanté dans notre esprit qu'on n'aurait même pas le temps de réfléchir si notre voiture venait à déraper.

Mais cette connexion normale n'est hélas pas toujours de mise. Sur verglas, par exemple, il faut créer une nouvelle connexion entre la sensation de dérapage et l'action de tourner le volant en direction opposée de ce que nous dicte notre instinct. La plupart des gens ont tendance à vouloir contrarier le dérapage en redressant les roues en opposition. Sur verglas, la connexion normale n'est d'aucun secours, il faut donc en créer une nouvelle.

Nous retrouvons ce cas de figure dans nos problèmes quotidiens. Le plus souvent, nous nous en remettons aux connexions et routines déjà bien implantées dans notre mémoire intelligente : le chien est malade, on l'emmène chez le vétérinaire. Mais si, ce jour-là, on n'a pas le temps d'y aller, il faudra bien trouver une façon de procéder autrement. La nécessité nous force alors à découvrir qu'il est possible de faire venir un vétérinaire à domicile. À l'avenir, notre mémoire intelligente possédera déjà cette option.

La mémoire intelligente servant à peu près à tout, il en va de même pour les connexions. Celles qui nous intéressent ici s'établissent en une fraction de seconde. Ce sont les dizaines, voire les centaines de connexions qui s'activent simultanément à quasiment chacun de nos actes. Quand on travaille l'élasticité de l'esprit, ces chaînes peuvent être plus longues encore, et rester en effervescence pendant des heures ou des jours.

Il existe plusieurs façons d'inciter son esprit à créer des connexions. On peut commencer par choisir un objet unique, et réfléchir à ses propriétés et caractéristiques. C'est en brossant son chien qu'un homme s'est un jour demandé ce qui rendait si accrocheuses les bardanes. Il en a tiré l'invention du Velcro. On peut aussi associer deux objets en relevant leurs points communs et leurs différences, méthode parfois employée au service d'un objectif concret. Dans le développement d'un nouveau produit, par exemple, il est courant qu'on associe les meilleures caractéristiques de deux produits différents.

Ce type de raisonnement nous a valu l'existence des balises éclairantes pour sièges de toilettes (dans l'obscurité), de la fourchette-alarme (qui sonne quand on mange trop vite), des toilettes pour chiens, de la tondeuse-tricycle (pour que les enfants se dépensent au service du gazon), et d'un cornet à glace motorisé (qui pousse la glace jusque dans la bouche pour nous épargner de lécher le cornet). Ces inventions vous semblent sans doute farfelues, mais toutes ont été brevetées aux États-Unis. Et le *Pet Rock*, l'échantillon géologique à domestiquer, n'a-t-il pas orné un temps de nombreux bureaux[3] ?

Soif de nouveauté

Les connexions qui nous rendent les plus grands services et celles dont nous sommes le plus fiers sont totalement nouvelles. Certaines sont amusantes, et d'autres sont innovantes au point de nous paraître absolument fantastiques. À moins qu'une chose ne soit parfaite, il y a toujours moyen de produire une réflexion, de perfectionner un processus, ou de trouver une idée qui l'améliore.

Les artistes sont réputés pour leur capacité à trouver des idées neuves. L'innovation ne dépend parfois que d'une seule connexion supplémentaire. Nous avons tous par exemple déjà emballé quelque chose – qu'il s'agisse d'un cadeau ou d'un gigot d'agneau. Christo, lui, a développé cette notion. Et voilà quarante ans qu'il emballe tour à tour des immeubles, des forêts, et même des canyons. Nombreux sont ceux qui tiennent ses travaux, dont l'innovation ne réside pourtant que dans leur échelle, pour une œuvre véritable témoignant d'une démarche artistique signifiante. De la même façon, qui n'a pas un jour ou l'autre tapoté un rythme sur une poubelle ou quelque surface de fortune ? La comédie musicale *Stomp* a tiré de ce concept un spectacle musical complet. On n'y martèle d'ailleurs pas que des poubelles, mais aussi des bassines de plastique et des tuyaux de cuivre.

Les artistes ne sont pas seuls à forger des connexions conduisant à l'apparition de choses nouvelles et utiles. Hommes et femmes d'affaires, parents, athlètes – quiconque rencontre un dilemme ou cherche une meilleure façon de procéder – tous ont besoin de connexions innovantes. Elles ne correspondent pas nécessairement à quelque chose de réel ; il suffit parfois de dissocier des choses ordinairement jugées indissociables. Un marché financier multimillionnaire a jailli des produits dérivés lorsque quelqu'un a compris que le risque sur les intérêts d'un crédit, qui est considérable, pouvait être dissocié du risque sur le montant du capital, qui est faible. Les investisseurs aventureux pourraient jouer sur les risques inhérents aux intérêts ; d'autres, plus conservateurs, choisiraient le capital lui-même. Soudain, deux marchés secondaires ont émergé d'un seul emprunt. Cela peut sembler ésotérique, mais c'est sans doute ainsi que fonctionne le crédit auquel vous avez souscrit.

Au cas où vous vous attendriez à voir fuser les connexions à l'assaut de tous vos problèmes, il convient de conserver certaines choses à l'esprit. D'abord, si la solution était simple, ce ne seraient pas des problèmes, alors attendez-vous à devoir tester beaucoup de nouvelles connexions et à suivre de multiples fausses pistes avant de trouver mieux que ce que vous possédez déjà – en admettant que vous trouviez un jour. En cherchant à produire massivement de nouvelles associations, vous en obtiendrez une bonne part de polluantes, de bizarroïdes ou d'inutiles. Mais, en ne le faisant pas, vous êtes assuré de ne jamais rien trouver. Comme pour le chercheur d'or, il faut beaucoup tamiser de vase pour avoir une chance de trouver des pépites.

Les grands penseurs, les inventeurs reconnus le savent bien. Chacun en aurait long à raconter sur les innombrables tentatives qui ont précédé la dernière. Thomas Edison a fait breveter 1 093 idées uniques, mais rares sont celles qui valaient l'ampoule électrique, le phonographe ou l'image animée. Picasso a créé près de 20 000 œuvres d'art, mais très peu sont considérées comme des chefs-d'œuvre[4]. L'essentiel est que ces inventeurs aient quand même donné des chefs-d'œuvre. Mais ne perdez pas de vue combien de connexions et de possibilités il a fallu explorer pour les produire.

Constituer un réseau d'analogies

L'analogie est une excellente façon de bondir d'un élément de mémoire à un autre. Les analogies qui génèrent de la mémoire intelligente peuvent être simples comme une association entre des mots (*neige* est à *flocon* ce que *pluie* est à *goutte*, par exemple), ou complexes comme des métaphores, des assimilations ou des façons de parler (*Sors de ton lit, limace !*). On peut aussi établir des analogies entre deux idées complexes, voire entre deux systèmes philosophiques complets.

Pour comprendre comment résoudre un problème par analogie, lisez ce récit du film de James Bond, *Goldfinger*. (Plus loin dans ce chapitre, il vous sera demandé d'en tirer une analogie pour résoudre un autre problème[5].)

> D'une façon ou d'une autre, Auric Goldfinger parvient à extraire de grandes quantités d'or du territoire britannique. Il ne cesse de se rendre sur le continent, dans une automobile de luxe bâtie selon ses désirs et conduite par Oddjob, son menaçant gorille. À chaque passage, les douaniers fouillent soigneusement son véhicule et ses effets, sans jamais trouver de cache.

James Bond finit par suivre Goldfinger à travers l'Europe, filature qui le mène jusqu'à un haut-fourneau escamoté. Bond a alors une illumination (dont nous savons désormais qu'il s'agit de l'irruption soudaine d'une nouvelle connexion dans la mémoire intelligente) : l'or ne s'est jamais trouvé dans la voiture. L'or *est* la voiture. Personne n'ayant eu cette révélation avant lui, toutes les fouilles étaient vaines.

Pour établir une analogie, il convient d'étirer le cadre des parties qu'on se propose d'assembler ou d'en infléchir la définition, de ne plus s'en tenir qu'aux fonctions globales et aux traits généraux, et d'ignorer les détails insignifiants. On trouve ainsi d'innombrables analogies dans le milieu naturel, qu'il s'agisse de rapprochements visuels ou fonctionnels. La nature présente souvent des analogies capables de nous mener à des associations inhabituelles et des solutions novatrices.

Le toit ultramoderne d'un bâtiment industriel a par exemple été conçu par analogie avec le flet, un poisson qui adopte la couleur de son environnement immédiat en exposant ou en rétractant de minuscules pigments noirs sur sa peau. Ce principe a fait naître l'idée de jouer sur la proportion de noir et de blanc du toit pour contrôler la température intérieure du bâtiment. Le toit est à la base entièrement noir, mais parsemé de petites balles de plastique blanc. Lorsque la température monte, elles se dilatent et exposent leur blancheur, qui réfléchit la lumière et la chaleur. À l'inverse, lorsqu'il fait froid, les balles se rétractent, et la surface noire absorbe la chaleur[6].

Il y a mille façons de dresser des analogies, mais il faut le plus souvent commencer par reconsidérer la situation dans ses grandes lignes, ou selon des concepts plus généraux. C'est ce que font la plupart des scientifiques. Avant de réaliser l'expérience du cerf-volant qui associerait à jamais deux phénomènes jusqu'alors tenus pour distincts – la foudre et l'électricité – Benjamin Franklin avait simplement relevé quelques similitudes : production de lumière, trajectoire sinueuse, rapidité de mouvement, conduction par le métal, déflagration ou bruit lors de l'explosion[7]. Alors qu'il étudiait différentes structures possibles pour ses bâtiments, l'architecte Frank Gehry s'est souvenu des ondulations d'un poisson argenté de son enfance[8].

C'est pour mieux favoriser les rencontres que les patrons d'une agence matrimoniale se sont inspirés du fast-food. Dans un négoce comme dans l'autre, le client espère trouver du choix, un service rapide, et une transaction efficace et sans chichis. Associer la quête d'amour à l'achat d'un hamburger peut pour le moins paraître audacieux, mais ça n'en a pas moins donné SpeedDating, le dernier cri dans l'univers des rencontres. À la façon du fast-food, le SpeedDating repose sur un échange rapide – une succession de conversations de sept minutes avec des célibataires consentants. Ceux qui ont apprécié la rencontre peuvent se retrouver plus tard pendant quelques instants[9].

Il y a encore d'autres façons de débusquer des analogies. On peut s'imaginer soi-même comme un élément de l'activité ou de la situation. Supposons qu'en bricolant vous en veniez à devoir éclairer un petit espace assez inaccessible, tout au bout de plusieurs tournants serrés. En vous mettant « dans la peau » de la source de lumière, vous auriez des chances d'aboutir à la même idée que les ingénieurs de *Black & Decker*, qui ont conçu la *Snake Light*, une petite lampe torche fixée au bout d'une longue tige flexible, capable de se faufiler jusque dans les derniers recoins.

On peut aussi chercher à voir un peu plus loin que le problème immédiat, dans un autre domaine. Une entreprise de pommes chips a fait le parallèle entre les contraintes de l'empaquetage et la mise en sacs des feuilles d'automne, qui est nettement plus simple lorsque les feuilles sont mouillées et collantes, car elles deviennent plus faciles à ramasser et à compacter. Cette entreprise a conçu une pâte de pomme de terre qui, moulée en forme de chips, peut être rangée en tube. Cette analogie a donné les amuse-gueules Pringles[10].

La biologie regorge, elle aussi, d'analogies potentielles. Les cyclistes réclamaient une gourde d'où l'eau pourrait sortir sans qu'y entre la boue. La valvule tricuspide du cœur humain a inspiré le système de volets du bec d'un modèle qui s'est imposé partout[11].

On peut aussi faire naître une analogie en orientant sa réflexion sur un autre aspect du problème. C'est ainsi que Jim Winner a inventé la canne antivol pour voitures. Malgré l'alarme dont elle était pourvue, sa Cadillac avait été dérobée peu après son achat. Winner n'a pas cherché à concevoir un énième dispositif de verrouillage des portières, mais plutôt une façon d'empêcher le voleur de conduire. Il s'est alors souvenu qu'à l'armée il avait mis sa Jeep à l'abri des emprunts en reliant le volant au frein par une lourde chaîne. C'est en visualisant le voleur cherchant à s'enfuir avec la voiture qu'il s'est dit : « Sans volant, pas de vol[12]. »

Laisser galoper son imagination peut aussi donner lieu à de bonnes analogies. Il peut parfois suffire de se laisser aller à échafauder des scénarios fantastiques, assez voisins des idées impossibles d'un enfant de cinq ans. C'est par ce type d'élucubration débridée qu'Albert Einstein, cherchant à cerner la relativité du temps, a imaginé le passager d'un tramway s'éloignant d'une immense horloge. Il s'est demandé ce qu'afficherait l'horloge si le tramway s'éloignait à la vitesse de la lumière, précisément celle de l'image de l'horloge parvenant aux yeux du passager. Le passager et la lumière réfléchie par l'horloge se déplaçant à vitesse égale, l'image de l'horloge serait fixe. Comme si le temps s'était immobilisé. Einstein a ainsi compris que la mesure du temps dépendait de la vitesse[13].

Bien des gens ont du mal à percevoir les similitudes entre plusieurs méthodes de résolution de problèmes, surtout en présence de cas apparemment très différents. L'astuce consiste alors à dépasser les particularités d'une situation donnée pour chercher des principes opératoires communs. Essayez donc de résoudre le problème suivant :

Un paysan vivant près de la frontière se rendait tous les jours dans le pays voisin, où il avait trouvé du travail. Chaque jour, à la frontière, les douaniers le fouillaient, ainsi que sa brouette, à la recherche de tout ce qu'ils pourraient saisir. Le paysan transportait essentiellement du fumier, mais parfois du foin ou de la terre. Ils étaient persuadés qu'il faisait de la contrebande, car la plupart des habitants du pays cherchaient à fuir le gouvernement répressif en place. Ils ont ainsi joué au chat et à la souris pendant des mois, les douaniers fouillant la brouette et le paysan n'ayant rien à déclarer. Ils n'ont jamais rien trouvé. Des années plus tard, croisant le paysan dans une taverne, l'un d'eux lui a demandé le fin mot de l'histoire. Le paysan a alors reconnu qu'il faisait bien de la contrebande. Comment s'y prenait-il ?

Si vous avez relevé l'analogie avec le scénario de James Bond, vous avez vu juste : le paysan passait des pièces de la brouette.

À présent, voyez-vous des ressemblances entre ces deux problèmes classiques ?

Un homme est atteint d'une tumeur inopérable. Il ne reste que la radiothérapie, mais trop d'exposition risque d'endommager les tissus sains tout autour. Comment traiter la tumeur sans détruire les tissus sains ?

Le dictateur d'un petit pays est assiégé par l'armée insurgée. Il s'est réfugié dans une forteresse au cœur des terres agricoles du pays. Il possède des vivres pour plusieurs mois, et son armée a miné les routes menant à la forteresse. Toute activité conséquente sur l'une de ces routes déclencherait les mines. Les rebelles ne disposent pas d'avions. Comment attaquer la forteresse ?

Malgré leur différence, ces deux problèmes sont analogues quant à leur structure et à leur solution. Vous aurez sans doute relevé les points communs de la tumeur et la forteresse – toutes deux doivent être détruites, mais l'attaque est limitée par la sensibilité des zones qui les entourent, qui ne peuvent être que faiblement sollicitées. À problèmes similaires, solutions similaires. Les deux cas appellent une convergence des forces. Pour la tumeur, il faut faire converger de nombreux faisceaux de faible intensité depuis différents angles. C'est la méthode généralement employée aujourd'hui en cancérologie. Quant à la forteresse, il faut envoyer de petits groupes d'hommes sur les différentes routes, ce qui leur permettra de contourner les mines, avant de mener un assaut coordonné contre la forteresse[14].

Il va de soi que la similarité entre deux problèmes ne doit pas pour autant en occulter les spécificités. De très récentes avancées chirurgicales ont permis à une équipe médicale d'extraire intégralement le foie d'un patient pour l'exposer à une irradiation maximale, avant de le remettre en place. Les tissus voisins ont ainsi été complètement épargnés.

Une longue chaîne distendue

Beaucoup de connexions apparemment simples, comme l'usage d'une clé de voiture en guise de couteau pour ouvrir un emballage plastique serré, impliquent davantage qu'une association primaire ou une simple analogie. Dans le cas de la clé de voiture, les étapes du raisonnement ont pu consister à passer de la clé à des outils capables d'ouvrir, à d'autres capables de trancher, percer ou déchiqueter. L'idée d'employer une clé de voiture pour ouvrir un emballage sous-entend donc une suite d'analogies.

Il arrive qu'une connexion issue d'une simple analogie ne suffise pas à vous fournir la solution que vous attendez, que la comparaison ne soit pas assez nette ou remarquable pour répondre à la situation. Il faut alors réfléchir un peu plus et relâcher son esprit pour permettre l'apparition d'associations moins évidentes. En enchaînant de nombreuses petites pensées à partir de l'idée première, vous pouvez étendre votre réseau de connexions. Cette chaîne peut être une suite d'analogies ou d'associations plus ou moins vagues. Beaucoup de gens procèdent de la sorte pour fouiller leur mémoire, cherchant ici et là de petits indices qui déclencheront le souvenir. En essayant de retrouver les noms de leurs camarades de lycée, les personnes âgées commencent souvent par se remémorer certains détails de l'établissement, les équipements, les locaux, les lieux de résidence des camarades de classe, le chemin qui y conduisait. Lorsqu'on veut savoir quel temps il a fait lundi dernier, on peut commencer par se demander ce qu'on a fait et ce qu'on portait ce jour-là.

Pendant la Seconde Guerre mondiale, c'est en jouant avec son fils près d'une mare qu'un ingénieur britannique a trouvé l'idée d'une nouvelle bombe. Cela faisait un moment qu'il butait sur la destruction de barrages stratégiques allemands de la vallée de la Ruhr. Les bombes d'alors étaient si imprécises qu'elles échouaient souvent à des kilomètres de leur cible. En outre, le point faible d'un barrage se situe à sa base. Une torpille en serait venue à bout, mais on était en milieu aquatique clos, totalement inaccessible aux sous-marins.

À force de jouer aux ricochets avec son fils, il a imaginé une bombe rebondissant sur l'eau pour n'exploser qu'en heurtant le barrage. D'une simple mare aux bombes rebondissantes en passant par les ricochets, « Bouncing Betty » était née, une arme dont on a dit qu'elle avait infléchi le cours de la guerre. Le bondissant artefact a fait céder deux barrages allemands, et provoqué des inondations qui ont saccagé installations, usines et ponts sur cent cinquante kilomètres.

Faire des pas de géant
grâce au brainstorming

Pour trouver les associations ou les idées susceptibles de former une chaîne, il faut faire preuve d'une certaine souplesse mentale. En effet, nous tendons souvent à nous montrer rigides dans notre pensée ; nous ne laissons que rarement libre cours à notre imagination. Nous passons difficilement d'un niveau d'analogie à un autre, ou avons bien du mal à accomplir de grands écarts mentaux, à mêler différents types de savoirs ou d'idées. Pour mieux accomplir ce genre de pas de géant, le brainstorming peut être utile.

Nous croyons tous savoir ce qu'est le brainstorming : cela consisterait à lancer les idées dans tous les sens ; mais c'est au fond bien plus que cela. Cette technique est habituellement pratiquée en groupe, mais on peut toutefois s'y livrer seul, sachant qu'un individu produit forcément moins d'idées que plusieurs[15]. Le principe en reste alors inchangé, pour peu qu'on respecte quelques règles de base.

D'abord, l'objectif, c'est la quantité. Plus il y a d'idées, mieux c'est, quel qu'en soit le contenu. Deuxièmement, il faut absolument s'interdire tout jugement avant la fin du processus : qu'il ne soit plus question d'idées stupides, loufoques, ou irréalistes. « Quand vous vous lancez à la recherche d'idées, ne mettez pas le frein à main », recommande Alex Osborn, le père du brainstorming[16]. Troisièmement, essayez de faire interagir vos idées, prenez-en une comme tremplin ou comme pierre angulaire d'une combinaison de plusieurs. Quatrièmement, renoncez à la logique et au bon sens. Les idées saugrenues ou impossibles peuvent en amener d'autres. L'un des avantages du brainstorming individuel, c'est que vous aurez moins peur de dire des bêtises. Cinquièmement, chaque idée doit être notée par écrit, parce que vous allez en produire beaucoup et qu'il ne faut pas les oublier. En les relisant, vous avez des chances de trouver des connexions qui vous avaient échappé.

Les designers d'Ideo, à qui nous devons la souris Apple et le PalmPilot, pratiquent régulièrement le brainstorming pour stimuler la réflexion et entretenir l'enthousiasme de leur équipe. Lors d'une séance consacrée à la conception d'une nouvelle ligne de chariots de supermarché, ils ont émis les idées les plus absurdes : sièges d'enfant revêtus de Velcro et couches adaptées pour « accrocher » le nourrisson au chariot ; écran à la caisse protégeant des regards le client timide qui voudrait acheter des préservatifs[17]… De nombreuses grandes surfaces proposent aujourd'hui des chariots « miniature » à deux niveaux de paniers et dotés d'un support latéral pour les achats volumineux qu'on peut suspendre, comme un filet de pommes de terre. Il est probable que ce chariot a vu le jour lors d'un brainstorming.

Ne vous laissez pas décourager par l'apparent désordre du brainstorming. C'est inhérent au procédé. On est souvent tenté d'interrompre une séance qu'on trouve improductive, mais les meilleures idées ne surgissent jamais au début, il faut montrer une certaine persévérance. Quand vous aurez envie d'arrêter, accordez-vous cinq minutes supplémentaires et voyez ce qu'il en ressort.

L'incubation des connexions créatives

Il arrive que même la réflexion la plus créative, la plus poussée, ne produise pas de connexion intéressante. Il est alors temps de s'en détourner pour penser à tout, *sauf* au problème qui nous occupe. Si vous avez la possibilité de le laisser mijoter quelques heures ou toute une journée, cette incubation a des chances de faire jaillir la solution. Se détourner d'un problème obsédant n'est pas simple, mais la gestation des solutions déterminantes est souvent silencieuse.

Les neurobiologistes ne savent pas précisément expliquer ces bonnes performances de l'incubation, mais ils ont émis quelques hypothèses. L'une d'elles prétend qu'en délestant la mémoire de travail des idées remâchées en vain on permet à l'esprit de se détourner des connexions improductives, des impasses et des mauvaises pioches, et à l'inconscient de faire le plein de nouveaux éléments de réflexion – des souvenirs et associations enfouis. Il est important de souligner ici que l'incubation consiste à ne pas réfléchir ni se souvenir consciemment, et à délibérément ignorer les idées immédiates de façon à faire germer et interagir les pensées enfouies.

Laisser opérer son esprit pendant le sommeil est souvent fructueux. C'est en dormant que Friedrich Kekule, un chimiste du XIXᵉ siècle, a conçu une théorie de la structure moléculaire du benzène. Pendant sa sieste, Kekule avait rêvé d'un serpent qui jouait à tourner en rond pour se mordre la queue. Cette structure circulaire correspondait exactement à ce qu'il cherchait.

Le sommeil n'est évidemment pas une condition indispensable à la distillation des idées[18]. Le compositeur Johannes Brahms a dit que ses meilleures compositions lui étaient venues en cirant ses chaussures. Joseph Conrad, lui, se plongeait dans un bain chaque fois que la nécessité d'une nouvelle idée se faisait sentir. William Hewlett, le cofondateur de Hewlett-Packard, a écrit : « En fait, ce n'est probablement pas au travail que l'on accomplit l'essentiel de sa réflexion. Pour ma part, c'est le soir, quand je cherche le sommeil, ou le matin, sous la douche, ou en me rasant. Cela signifie probablement qu'on passe le plus clair de son temps à penser "travail". Chaque jour apporte tant de distractions apparemment importantes, qu'il devient vraiment difficile de trouver le temps de réfléchir avec concentration[19]. »

Se livrer à un passe-temps réclamant une certaine concentration peut fournir l'occasion de cette incubation des idées. La varappe – l'escalade de centaines de mètres de parois abruptes ou glissantes – est un sport très prisé des physiciens. Il n'est pas rare que les entreprises technologiques fournissent à leurs employés des occasions de ruminer les problèmes. Le siège d'une entreprise de Boston s'est ainsi doté d'un parcours de minigolf, et d'une table de ping-pong installée dans le réfectoire.

Que ce soit par la pratique d'un sport ou lors de la visite d'un musée, nombreuses sont les circonstances qui favorisent l'incubation. En vous exposant à de nouvelles choses, de nouveaux lieux et de nouvelles associations, vous engrangez la matière première de vos connexions futures.

EXERCICES

1. Observez chaque tache d'encre et trouvez deux interprétations ordinaires et deux inhabituelles de ce qu'elles représentent.

Explication : Ces taches ressemblent à celles du fameux test de Rorschach. Pour comparaison, voici quelques-unes des idées qui nous sont ici venues : concernant la première figure, nos idées ordinaires ont été des taches ou des nuages sombres. Nos idées inhabituelles ont été de la limaille de fer magnétisée et un homme à chapeau se pressant de rentrer chez lui dans le vent avant la pluie. Pour la deuxième, nos idées ordinaires ont été le singe et le boxeur. Nos idées inhabituelles ont été un joueur de hockey sur glace empoignant le maillot d'un adversaire et le *Penseur* de Rodin s'écriant : « Eurêka ! » La troisième figure nous a inspiré l'idée ordinaire d'un danseur africain pratiquant le vaudou et celle d'un cactus ; et, plus originale, celle d'un Mexicain coiffé d'un sombrero gravissant une colline pour échapper aux nuages de pluie et un garçon dévalant une pente en planche à roulettes.

2. Saurez-vous identifier les différentes idées combinées dans les suivantes associations de mots ?
   Chien de garde financier
   Bourbier bureaucratique
   Chaîne alimentaire
   Autoroutes de l'information
   Faillite morale

Réponses :
   L'argent et la bonne garde.

Figure 1

Figure 2

Figure 3

Les méandres administratifs d'une grande organisation et un terrain impraticable.

Les étapes de la croissance et les maillons d'une chaîne.

Les connexions électroniques de l'Internet et une route sans feux ni croisements.

Le sens des valeurs morales d'un individu et le fait de posséder des actions dont la valeur est inférieure au marché.

Le mieux consiste parfois à découvrir que le problème a déjà été résolu. Essayez d'identifier un problème semblable au vôtre, et dont la solution y soit applicable. Pour ce faire, il faut chercher des similarités de caractéristiques ou de structure. Par exemple, évoluer dans le brouillard peut s'apparenter à ce que font les myopes privés de leurs lunettes ; le brouillard impose aux gens dotés d'une vision normale le même type de restriction visuelle que la myopie. Cette analogie suggère un moyen d'avancer dans le brouillard : avec des lunettes ou une lampe spéciales supprimant la distorsion visuelle.

3. Saurez-vous trouver une analogie susceptible de fournir la solution à ces problèmes ?

A. Ne pas parvenir à démarrer sa voiture lorsqu'il fait froid le matin, c'est comme _____

B. Essayer de chasser les souris de votre cave, c'est comme _____

C. Se mettre à découvert à la banque, c'est comme _____

D. Posséder un répondeur téléphonique incapable de contenir tous vos messages, c'est comme _____

Analogies suggérées (les vôtres sont sans doute différentes, et peut-être meilleures) :

A. C'est comme avoir trop froid pour s'adonner à sa gymnastique matinale. Une solution pour votre voiture consistera donc à la réchauffer (en la couvrant la veille), comme le fait l'échauffement avant l'exercice.

B. C'est comme chercher à arrêter des billes qui roulent sur le trottoir. La solution consiste à constituer un genre d'entonnoir pour les billes, et donc à concevoir pour les souris un piège en entonnoir – une souricière délimitée par de la nourriture.

C. C'est comme être en panne de dentifrice. On peut réapprovisionner l'un comme l'autre (le dentifrice et le compte en banque) avant leur épuisement, ou alors trouver de nouvelles façons de « presser le tube », comme le crédit à court terme.

D. C'est comme posséder une trop petite poubelle. Dans les deux cas, la solution consiste à la vider plus souvent ou à en acquérir une plus grande.

4. Trouver des connexions à des mots courants est un bon moyen d'apprendre à en produire de neuves. Ces connexions sont parfois porteuses de solutions nouvelles pour des problèmes anciens. Un étudiant à qui l'on demandait de trouver un lien entre les feux routiers et les cigarettes a eu l'idée de placer un anneau rouge près du filtre indiquant que le fumeur est sur le point de consumer la partie la plus nocive de sa cigarette.

Voici des couples de noms constitués au hasard. Essayez de trouver une connexion à chacun.

A. Forêt – lait
B. Dentiste – voile (navigation)
C. Tronçonneuse – encouragements
D. Examen d'entrée en faculté – bretelles

Réponses possibles (les vôtres peuvent être très différentes) :

A. **Forêt** – arbres à caoutchouc – becs drainant la sève pour l'en extraire – vache que l'on trait – **lait**.

B. **Dentiste** – couronnes et canal dentaire – nombreuses procédures complexes – naviguer contre le vent en louvoyant – **voile**.

C. **Tronçonneuse** – élagage – nettoyage d'hiver du jardin – inciter un adolescent à tailler les haies – **encouragements**.

D. **Examen d'entrée en fac** – tests de révision – fiches de synthèse – image d'un ancien professeur qui portait des **bretelles**.

5. Le problème suivant a été soumis à un groupe d'officiers de l'armée de l'air : « Sachant que plus de mille kilomètres de fils téléphoniques sont recouverts de dix centimètres de givre, rendant toute communication impossible, comment rétablir le service au plus vite ? » En vingt-cinq minutes, le groupe a produit cinquante-trois idées. La meilleure était d'envoyer des hélicoptères survoler les lignes de façon que le souffle des hélices balaye instantanément le givre.

Livrez-vous donc au brainstorming pour ces problèmes :

Vous êtes le chef de marketing d'une entreprise de brosses à dents. Vous venez d'apprendre qu'à la suite d'une erreur de fabrication, vous vous retrouvez avec un surplus de cinquante mille brosses pour enfant. Pour quels autres usages pouvez-vous les vendre ?

Réponses possibles : Vous pouvez les présenter comme des brosses à bijoux ou des ustensiles de cuisine (« Atteignez les recoins difficiles »), ou encore les vendre à des chausseurs qui les glisseront dans leurs boîtes en guise de cadeau à leurs clients.

Quels éléments de votre intérieur mériteraient d'être arrondis plutôt que droits ?

Réponses possibles : Les coins de la table à manger ; le bac à litière du chat, qui se casse régulièrement ; la télécommande du téléviseur, que l'on perd souvent entre deux magazines. Ronde et plus épaisse, elle serait nettement plus facile à retrouver.

Juste avant que vos enfants ne se couchent, vos invités leur rendent visite et jouent avec eux, ce qui a pour effet de les surexciter. Comment empêcher cela la prochaine fois ?

Réponses possibles : Demandez à vos amis de préférer la lecture d'une histoire à des jeux trop agités. Et couchez les enfants avant que les invités n'aient l'idée d'aller les voir.

Voilà deux fois que le Trésor émet des pièces d'un dollar avant d'en interrompre la production parce que les gens ne les utilisent pas. Le gouvernement a dépensé des millions à essayer d'inciter les gens à le faire, car les pièces sont moins chères à long terme et plus difficiles à contrefaire que les billets. Comment inciter les gens à utiliser les pièces d'un dollar ?

Réponses possibles : Mettre en place un encouragement à préférer la monnaie au papier, comme une petite déduction fiscale. Proposer l'échange des billets abîmés contre des pièces. Fabriquer des pièces plus légères. Prendre conscience que la cause est perdue et inviter le Trésor à abandonner son projet.

8

Résoudre les problèmes

Le moment est venu de faire usage de votre mémoire intelligente. Savoir prêter attention, développer son bloc-notes de mémoire, emmagasiner de l'information plus dense, et développer les connexions, tout cela concourt à faire la mémoire intelligente, mais ce ne sont que les moyens d'atteindre une fin. La mémoire intelligente est particulièrement utile pour faire jaillir perspectives nouvelles et idées créatives. Elle excelle notamment à résoudre une ample gamme de problèmes, comme nous l'avons vu au chapitre précédent.

La nature des problèmes

Un « problème » est ce qui sépare votre condition présente de celle que vous souhaitez atteindre. C'est une situation qui demande à être améliorée. Cela peut aussi bien être d'ordre physique que mental, simple comme décoincer un tiroir, ou complexe comme chercher à régler le conflit au Moyen-Orient. Un problème peut être porteur d'une lourde charge émotionnelle, comme lorsqu'il s'agit de choisir la personne qu'on va épouser, ou très terre à terre, comme trouver le temps de faire une lessive.

Dans l'ensemble, on distingue des problèmes bien définis et mal définis. Dans le premier cas, l'objectif est clair, et tout ce qui peut servir à l'atteindre est à portée de main ; on dispose des ingrédients et des outils nécessaires. Il suffit de les utiliser correctement.

Les problèmes de mathématiques sont le type même du problème bien défini. Ce qui doit être résolu ne fait aucun doute. Tous les éléments sont fournis – ce sont des nombres – et tous les outils nécessaires sont à notre portée – addition, soustraction, multiplication, etc. Toutes les solutions possibles sont écrites quelque part, même si on ne les connaît pas, et leur nombre est relativement restreint. Et même s'il faut manier une grande quantité de formules et de chiffres, on sait que la solution relève d'un domaine bien précis de la connaissance – celui des nombres. Personne ne s'attend à ce que la solution d'un problème mathématique soit une corrida de taureaux. Voilà pourquoi on retrouve si souvent les problèmes de mathématiques dans les casse-tête ou les livres de jeux d'esprit ; les réponses sont toujours claires, vraies ou fausses, faciles à exprimer et à comptabiliser.

Nous rencontrons des problèmes bien définis tous les jours : combien de rouleaux de papier peint faut-il pour couvrir les murs de la salle à manger, comment débourrer l'imprimante, comparer les prix en faisant les courses, trouver l'itinéraire le plus court jusqu'à un nouveau magasin. L'objectif est clair, et nous trouvons en général le moyen de l'atteindre.

Malheureusement, la plupart des problèmes que nous rencontrons sont mal définis, notamment les plus importants. Un problème est mal défini lorsque sa solution, l'information qui le concerne, ou les outils mentaux pouvant servir à le résoudre sont difficilement identifiables. Nous croulons sous les problèmes mal définis : choisir le meilleur type d'épargne, obtenir une promotion, trouver des idées de cadeaux à Noël, proposer un planning de garde parentale, choisir le déguisement d'un enfant pour le carnaval, trouver les mots d'une lettre de sympathie, ou organiser un anniversaire surprise.

Beaucoup de gens ont par exemple pour objectif d'atteindre le bonheur. Mais quel est vraiment ce bonheur auquel ils aspirent ? Quel matériau pourrait servir à « faire » du bonheur ? Quels outils ? La marche à suivre est on ne peut plus indéfinie. On sait qu'une façon de rendre les gens heureux consiste à les rendre très malheureux, puis à supprimer brusquement la cause de leur malheur. Ça peut marcher, au moins pour un temps. Ce n'est pourtant pas ce qu'ont l'air d'espérer ceux qui rêvent de bonheur. Et l'on a beau croire que gagner au loto nous rendrait heureux, les études ont prouvé que la plupart des gagnants ne sont pas plus heureux qu'avant[1]. Mais *ne pas* gagner au loto ne semble pas régler la question non plus.

Notre propos n'est pas ici de vous apprendre à gagner au loto, mais à comprendre les problèmes auxquels vous êtes confronté. Cette compréhension est un pas déterminant vers la solution, ou du moins vers la certitude qu'une solution existe, ou pas.

Pour distinguer à quel moment votre mémoire intelligente intervient, il peut être utile de savoir ce qui se produit dans votre tête lors de la résolution d'un problème. Voici un problème bien défini : Combien font 1 + 1 ? D'abord, il faut transposer le problème du papier à votre cerveau. Ce faisant, vous activez les éléments qui dans la mémoire intelligente représentent « un » et « un » et « plus ». Chez la plupart, ce schéma fournit sa réponse sans difficulté. « Un plus un » active un mini-esprit acquis de longue date et relié à la réponse « deux ». Vous avez fait le lien. Les pièces du puzzle sont en place.

1 + 1 = 2 n'est pas un problème insurmontable, certes, mais il illustre bien le fonctionnement basique de l'intervention de la mémoire intelligente. Le mini-esprit qui associe en vous « un plus un » à « deux » est tellement rodé qu'il opère automatiquement, rapidement et sans que vous en ayez conscience.

Comme nous l'avons vu, ces mini-esprits et connexions servent à tout. Certains mini-esprits gèrent ce qu'on appellera les « problèmes de mots », bien qu'ils ne vous posent plus de problème depuis longtemps. Par exemple : quel animal possède quatre pattes, est souvent domestiqué, et remue la queue ? Le chien. Là encore, on retrouve des éléments (« quatre pattes », « animal », etc.), un opérateur (« et »), et des connexions menant à la solution – le chien. Comme pour 1 + 1 = 2, ces connexions sont devenues automatiques. D'ailleurs, à peine aviez-vous lu « animal » et « quatre pattes », que déjà le chien ou le chat se pressaient dans votre esprit, car leurs connexions avec cette définition sont très fortes (pour la plupart d'entre nous, le rapprochement avec les chevaux, les alligators ou les tatous est moins évident).

À présent, pour mieux voir comment les systèmes opératoires de la mémoire intelligente nous aident à trouver des solutions, prenons un problème bien défini, mais un peu plus difficile : combien font

1 515 + 2 001 ? Nous avons choisi cet exemple parce que 1 515 est probablement présent sous forme d'unité à part entière dans la tête de la plupart des Français. 2 001 également, pas seulement à cause du changement de millénaire ou du fait qu'il s'agisse d'une année récente, mais peut-être aussi grâce au film de Stanley Kubrick. La compréhension de ce problème ne vous demande pas de créer de nouveaux éléments, mais vous n'êtes pas doté pour autant de connexion automatique avec la réponse. Un mini-esprit pose donc l'addition :

$$1\ 515$$
$$+\ 2\ 001$$

puis il fait appel à d'autres mini-esprits qui additionnent les colonnes, de droite à gauche (5 + 1, 1 + 0, etc.), avant de produire la réponse (3 516).

Dans cet exemple, un transfert capital s'est produit dans votre esprit. Votre mémoire intelligente ne trouvant pas immédiatement de mini-esprit pour une réponse automatique, l'administrateur du traitement de la mémoire a pris le relais. Il a sollicité un autre mini-esprit qui a découpé le problème en morceaux, qu'il a livrés au même type de mini-esprits que celui du 1 + 1 (en l'occurrence, ceux de 5 + 1, de 1 + 0, de 5 + 0 et de 1 + 2). Votre mémoire intelligente est à nouveau intervenue pour l'addition, mais par le truchement cette fois d'une autre partie de la mémoire intelligente, celle qui gère les questions d'arithmétique. Un transfert mental rapide s'est produit, un couper-coller. Il se peut que vous ayez le vague souvenir d'avoir appris le détail de tout cela dans l'enfance, mais votre conscience en est probablement floue aujourd'hui.

L'acquisition de ces étapes ressemble à ce que vous avez vécu en apprenant à conduire. Vous ne sentez probablement pas les mini-esprits s'activer lorsque, par exemple, le conducteur qui vous précède freine brutalement. Le fait que ce soit intégré à votre esprit bonifie votre conduite, de même que les mini-esprits d'arithmétique bonifient votre traitement des problèmes mathématiques. Tous les problèmes se résolvent ainsi lorsque la mémoire intelligente reçoit le coup de pouce de l'administrateur du traitement de la mémoire.

Lorsque vous cherchez le nom d'une chose ou d'un concept que vous connaissez – que vous « l'avez sur le bout de la langue » – votre esprit suit la même démarche que lorsqu'il résout un problème. Quand vous connaissez le sens d'un mot que vous ne retrouvez pas – c'est-à-dire quand votre mémoire intelligente ne vous fournit pas automatiquement la réponse – l'administrateur du traitement de la mémoire prend le relais et tente de résoudre le problème de deux façons : il traque les indices utiles à votre recherche, et vous soumet des mots possibles que vous comparez à la définition.

L'exercice suivant est destiné à vous montrer l'effet que produisent des connexions faibles ou manquantes. Voici deux listes – l'une de définitions, et l'autre de termes y correspondant[2]. Ce sont des mots que vous connaissez probablement, mais que l'on ne rencontre pas souvent. La conscience que vous en avez et les connexions qui y mènent étant faibles, il est probable que votre mémoire intelligente ne vous fournira pas la réponse. L'administrateur du traitement de la mémoire se mettra alors au travail. Il se peut que vous ressentiez ce travail de comparaison des mots aux définitions, parce que les premiers continueront de tournoyer dans votre esprit tant que l'administrateur n'aura pas trouvé. (Pour que l'exercice soit vraiment probant, assurez-vous de bien masquer la liste de mots et de ne regarder qu'une réponse à la fois.)

DÉFINITIONS

1. Querelle de sang familiale, qui voit les membres de la famille d'une personne assassinée chercher à tuer l'assassin ou des membres de sa famille.

2. Objet protecteur que l'on porte pour chasser les mauvais esprits.

3. Ancienne monnaie d'Espagne et d'Amérique latine.

4. Roche volcanique dure, noire et vitreuse.

5. Sécrétion du cachalot employée en parfumerie.

6. Lieu de culte public fréquenté par la communauté juive.

7. Bâton de commandement des empereurs romains.

8. Attribut d'Hermès, symbole de la pharmacie et de la médecine.

9. Épée à lame courte et courbe employée par les Turcs et les Arabes.

10. Traîneau russe tiré par trois chevaux.

RÉPONSES

1. Vendetta
2. Amulette
3. Doublon
4. Obsidienne
5. Ambre gris
6. Synagogue
7. Sceptre

8. Caducée
9. Cimeterre
10. Troïka

Plusieurs circonstances peuvent vous amener à avoir un nom au bout de la langue. Il suffit par exemple qu'un mot soit faiblement représenté dans votre esprit, ce qui est assez fréquent pour les termes anciens ou d'origine étrangère. Il se peut aussi que les définitions aient aiguillé votre mémoire sur une mauvaise piste. Cela se produit lorsque la bonne piste est faible ou inexistante, et que d'autres pistes (même fausses) ou d'autres termes sont forts. Dans ce cas, ces derniers – forts mais incorrects – hantent votre mémoire et il vous est difficile de contraindre votre esprit à s'en détourner. (Cela s'explique par le fait que les connexions erronées se renforcent elles aussi chaque fois qu'on les active.)

Lorsque notre mémoire automatique fait ainsi fausse route, l'administrateur du traitement doit forcer la mémoire intelligente à fouiller ailleurs. Celle-ci décidera alors éventuellement de supprimer les mots forts mais erronés qui s'activent. Il faut parfois même en venir à totalement se détourner des définitions un moment pour laisser retomber tant d'activité, avant d'effectuer une nouvelle tentative.

Tout ceci concerne les problèmes bien définis, qu'il s'agisse de problèmes à un niveau ou à plusieurs. Les problèmes d'arithmétique et de définition de mots, à un niveau, ne nous prennent que quelques secondes. Ceux à niveaux multiples peuvent demander des minutes voire des heures, selon leur nombre de niveaux. Mais les principes généraux des uns comme des autres sont les mêmes, ainsi que le rôle de la mémoire intelligente, et plus particulièrement celui de l'administrateur du traitement de la mémoire.

Face à un problème mal défini, le processus est identique, sauf que rien n'est clair et que de nombreuses options sont ouvertes. C'est le genre de situation où la mémoire intelligente fait merveille, car elle est capable de maintenir plusieurs pensées actives tout en établissant de multiples connexions. Toutefois, trop de possibilités ont quand même de bonnes chances d'enrayer la machine ou de noyer les solutions qu'aurait trouvées votre esprit.

Aussi, pour être en mesure d'affronter n'importe quel type de problème, le mieux sera donc de fortifier votre mémoire intelligente, ainsi que votre administrateur du traitement de la mémoire, et ce par différentes méthodes. D'abord, au moment d'affronter le problème, votre mémoire intelligente doit être abondamment pourvue de pensées et de connexions entre elles. Si tel n'est pas le cas, soyez disposé à l'alimenter alors même que vous êtes en train de batailler. Ce faisant, vous vous dotez de mini-esprits capables de traiter l'information pertinemment.

Prenons un exemple : nous avons beau être constamment bombardés de tout type de statistiques, la plupart d'entre nous ne possèdent pas de mini-esprit capable de manier les plus élémentaires d'entre elles. Lorsque vous entendez dire que « cinquante pour cent des médecins ont préféré Terplax à son concurrent », vous arrive-t-il jamais de vous dire « eh bien, cela signifie que cinquante pour cent des médecins ont choisi l'autre, et qu'il n'y a aucune différence entre eux » ? Autant jouer à pile ou face.

La deuxième exigence à remplir avant de s'attaquer à un problème est d'en réduire chaque partie. Votre administrateur du traitement de la mémoire ayant une capacité limitée, il faut lui présenter des éléments aussi concis que possible. De quelles informations disposez-vous ? De quels outils ? Quels mécanismes pouvez-vous actionner ? Plus le problème est opaque, plus il présente de dimensions, ce qui rend d'autant plus impérieuse la réduction du champ de votre recherche.

On peut y procéder en définissant d'emblée les restrictions de la solution à trouver. Une limite de 20 euros pour le cadeau de Noël ; le refus de négocier des périodes inférieures à sept jours pour la garde parentale ; ou la condition pour le déguisement de carnaval qu'il n'exige pas de travaux de couture.

Les responsables d'une agence publicitaire à qui l'on avait commandé une campagne pour l'U. S. Air Force étaient face à un problème mal défini. Au départ, le directeur de l'agence n'a pas manqué de constater que les thèmes possibles étaient innombrables. Il a fallu considérablement réduire l'envergure du problème pour aboutir à une solution satisfaisante, qui présentait l'armée de l'air sous un jour technologique. Le directeur a encore restreint les débats, et le nombre des solutions envisageables, en décrétant que les spots ne montreraient ni avions ni soldats. Ainsi qu'il l'a dit à son équipe : « Nous n'allons tout de même pas donner dans l'évidence. » Dans le spot finalement retenu, on assistait à la rencontre sur un écran de radar de points verts et de points bleus, avec en voix off ce commentaire : « Les points verts ne savent pas où se trouvent les bleus. Mais les points bleus savent parfaitement où se trouvent les verts… Pauvres points verts[3]. »

Faute de procéder à cette réduction, ou à cette redéfinition du problème, on risque de choisir une mauvaise solution, vaine ou provisoire, qui ne fera que repousser le problème.

Toutefois, il faut aussi s'assurer de ne pas aboutir à un raisonnement trop étroit. Cela peut sembler contredire la deuxième exigence – la limitation du champ de réflexion – et c'est parfois le cas. Mais ce sont les deux faces d'une même chose. Il ne faut pas envisager de solution totalement fantaisiste, mais il ne faut pas non plus restreindre le problème au point de passer à côté. Ni limiter les possibilités au point d'exclure toute solution.

C'est l'erreur qu'ont faite les Français après la Première Guerre mondiale. Ayant toujours été envahie au sud de sa frontière orientale, la France a considérablement investi en hommes et en matériaux pour y bâtir la ligne Maginot, véritable prodige technique, ultramoderne et quasiment imprenable. À la Seconde Guerre mondiale, les Allemands ont fait une autre approche du problème. La vraie question n'était pas de savoir comment franchir la ligne Maginot, mais comment envahir la France. Ce qui fut fait par le nord, en contournant totalement les fortifications[4]. Ceci nous montre qu'il ne faut pas laisser le poids du passé étouffer les solutions possibles. Il faut savoir garder ses options ouvertes.

C'est en étant conscientes de cela que les autorités américaines ont abordé les problèmes sans fin que peut causer un ennemi ingénieux. Après le 11 septembre 2001, l'armée américaine a demandé à certains scénaristes de Hollywood, dont ceux de *Die Hard* et *Air Force One*, d'imaginer des scénarios terroristes possibles[5]. Lorsque les risques sont importants, soyez sûr d'envisager toutes les possibilités.

On trouve un exemple moins dramatique de recentrage du problème dans le cas d'un libraire qui voulait inciter les enfants à lire. La lecture à haute voix est une bonne façon d'apprendre à lire, mais les élèves d'une école n'osaient pas s'y livrer devant leurs camarades par peur du ridicule, ni devant les adultes, dont la supériorité les intimidait. Le libraire a compris que ces enfants avaient surtout besoin d'un public docile ; et qu'il n'était nullement nécessaire que ce public comprenne ce qu'on lui lisait. Il a donc proposé aux enfants de faire la lecture à des chiens[6].

Par conséquent, au moment de vous attaquer à un problème, pour être sûr de tirer le meilleur parti de votre mémoire intelligente, suivez ces étapes stratégiques :

D'abord, assurez-vous de bien comprendre le problème. Que vous est-il demandé ? De quels moyens disposez-vous ? Vous devez connaître votre marge de manœuvre, et vos contraintes.

Ensuite, si votre mémoire intelligente ne peut résoudre le problème tout entier d'un coup, confiez-le-lui par parties. Que votre administrateur du traitement de la mémoire vous aide à le fragmenter. Cela devrait au moins vous fournir un plan menant à la solution, à défaut de la solution elle-même.

Que votre mémoire intelligente et votre administrateur du traitement trouvent une solution à chaque fragment du problème.

Répétez cette opération pour chaque partie du problème.

Enfin, quand vous pensez détenir une solution, faites-la tourner dans votre esprit. Si elle se révèle inefficace (dans votre esprit ou en pratique), recommencez l'opération avec une meilleure perception de ce qui est nécessaire et de ce qui est possible.

En lisant ce qui suit, sur les façons d'optimiser le travail de votre mémoire intelligente et de votre administrateur du traitement lorsqu'ils abordent un problème, conservez ces étapes à l'esprit.

À la recherche de solutions

La solution se trouve parfois déjà dans notre mémoire intelligente – le problème s'évanouit alors en un clin d'œil, si facilement qu'on ne remarque pas forcément que c'en était un. Confrontée à une question plus complexe, la mémoire intelligente peut avoir besoin d'un certain temps pour faire le compte des possibilités et brasser les options disponibles avant de livrer une solution.

Il a fallu des années à Charles Darwin pour concilier ce qu'il savait de la nature de l'évolution avec ses observations de voyage à bord du *Beagle*, qui allaient à l'encontre de tout ce que croyait l'Angleterre de 1830. Et l'idée centrale de son chef-d'œuvre, *De l'origine des espèces*, lui est brusquement venue en lisant un traité sur la population. La solution à son problème mal défini – comment accommoder ensemble des théories de l'évolution apparemment contradictoires, ancêtre commun, sélection naturelle, et importance de la reproduction – a jailli d'une soudaine mise en place des pensées et connaissances dans sa mémoire intelligente[7].

Bien qu'elle passe pour l'une des notions fondamentales de l'histoire, la théorie de l'évolution par la sélection naturelle a surgi de façon tout aussi impromptue dans l'esprit d'Alfred Russel Wallace, un naturaliste contemporain de Darwin et dont il ignorait totalement les travaux. Alors qu'il était lui-même en pleine expédition, Wallace s'est trouvé cloué au lit par la malaria, et c'est lors d'une poussée de fièvre qu'il s'est mis à réfléchir à l'apparition des nouvelles espèces : « Et l'idée de la survie du plus apte a soudain jailli dans mon esprit. » En matière de mémoire intelligente, on voit que les deux hommes ne se trouvaient qu'à une connexion de leur réponse, l'essentiel des idées et connexions étant déjà en place. La solution est venue en un clin d'œil, mais il avait fallu des années de préparation.

L'athlétisme doit l'une de ses innovations majeures aux souvenirs d'enfance d'un adolescent. Au lycée, Dick Fosbury pratiquait le saut en hauteur, selon le mode ventral, comme tous les sauteurs d'alors. Ses performances étant moyennes, il s'est demandé s'il ne ferait pas mieux de sauter à la façon des enfants, en ciseaux. Pour ce faire, il lui fallait modifier la rotation de son corps et son angle d'approche de la barre. Il s'est aperçu qu'il obtenait ses meilleures performances en sautant à l'envers, basculant les épaules. Son entraîneur a eu beau tenter de le dissuader d'appliquer cette extravagante méthode, Fosbury s'est entêté. Et aux jeux Olympiques de Mexico, en 1968, le « fosbury flop » balayait le record du monde avec deux mètres vingt-quatre. Une connexion après l'autre, Fosbury avait trouvé la voie de la solution novatrice[8].

On dit la nécessité mère d'invention, car c'est elle qui pousse notre administrateur du traitement de la mémoire à contraindre les autres parties de notre mémoire intelligente à trouver une solution. Quand tout va bien, notre mémoire intelligente est en mode automatique, et tant pis si ça ne la développe pas et si ça ne crée pas de nouveaux mini-esprits utiles. Il faut que la situation soit nouvelle ou contrariante, ou que la méthode habituelle s'avère inadéquate ou inefficace, pour que nous recherchions une alternative dans notre mémoire.

L'épisode qu'a connu une amie avec un tire-bouchon lors d'un pique-nique illustre bien cette nécessité. Arrivée en avance, munie d'un panier contenant du vin, un tire-bouchon, des assiettes, des verres et de l'argenterie, elle a eu envie de se servir un verre en attendant les autres. Mais alors qu'elle débouchait la bouteille, le tire-bouchon a cassé, une partie de la vrille restant dans le liège, toujours dans le goulot. Elle n'avait pas d'autre tire-bouchon à sa disposition. La pièce cassée étant trop courte pour être saisie, notre amie a d'abord songé à briser le goulot contre un rocher. Mais cela aurait probablement gâché beaucoup de vin, et laissé du bris de verre dans la bouteille. Elle a donc fouillé ses poches, puis le panier, à la recherche de tout ce qui pourrait l'aider. Elle ne savait pas vraiment ce qu'elle recherchait, juste que cela devait lui permettre de récupérer le vin. Son regard s'est posé sur les clés de voiture, le couteau à pain, les cartes de crédit, les lunettes, et l'argenterie. Dès qu'elle a aperçu une fourchette, sa mémoire intelligente a fait le lien. Son imagination lui a soufflé qu'une dent de la fourchette pouvait pénétrer l'orifice situé à l'extrémité de la vrille. Elle l'y a insérée, utilisant la fourchette comme une poignée, et le tour était joué. Une solution parfaite.

Certes, il s'agit là d'un cas assez insignifiant. Mais qu'il s'agisse de déboucher une bouteille de vin ou de découvrir la théorie de la relativité, la mémoire intelligente traite tous les problèmes de la même façon.

Apprendre en cherchant

Fouiller son esprit à la recherche d'une solution originale n'est pas toujours évident au début, mais on s'améliore avec la pratique. Chaque fois qu'on cherche un souvenir évanoui, on apprend à chercher. Si votre ordinateur se bloque, le simple fait de chercher à déterminer l'origine de la panne vous apprend de nouvelles choses sur l'informatique et les logiciels, et les règles auxquelles ils obéissent. Vous ne trouverez peut-être pas ce qui l'a bloqué, mais serez mieux armé pour mener une recherche plus fructueuse la prochaine fois.

Voici deux exemples illustrant comment la simple recherche de souvenirs utiles peut faire jaillir la solution[9]. Le premier est un cas classique de déclenchement provoqué :

> Deux ficelles pendent du plafond, l'une le long du mur, l'autre au milieu de la pièce. Bien qu'elles soient assez proches l'une de l'autre, aucune n'est assez longue pour qu'on puisse les saisir simultanément. Dans la pièce se trouvent également une table, une chaise, une paire de tenailles, un presse-papiers et une tasse à café. Il faut trouver un moyen de nouer les deux ficelles ensemble.

Les étudiants en psychologie auxquels on soumet ce problème cherchent d'abord une solution évidente. Ils utilisent la chaise et la table pour allonger la portée de leurs bras, mais les ficelles sont encore trop courtes. Au moment où la plupart commencent à sécher, le professeur effleure « accidentellement » l'une des ficelles qui se met à se balancer. Pour beaucoup, c'est l'indice qu'attendait leur mémoire intelligente. Ils attachent les tenailles à l'une des ficelles qu'ils font balancer, avant de l'attraper au bout de sa course pour l'attacher à l'autre. L'indice du professeur n'étant pas trop flagrant, la connexion qu'il produit demeure inconsciente. Bon nombre de ceux qui n'ont trouvé la solution qu'après l'intervention du professeur jurent l'avoir fait tout seuls, mais ils se trompent. C'est leur mémoire intelligente qui a fait le rapprochement.

Fort de cet exemple, voyez à présent si votre recherche d'une solution n'est pas plus rapide et mieux centrée :

> Sur une table se trouvent une bougie, une pochette d'allumettes et une boîte de punaises. Il faut fixer la bougie au mur de telle façon qu'elle se consume debout[10].

Même si vous n'avez pas trouvé, vous avez sans doute compris que la solution passait par l'emploi inhabituel de l'un des objets. Votre administrateur du traitement de la mémoire sait qu'il ne doit pas réfléchir comme à l'accoutumée, et c'est aussi ce que vous attendez de lui. Ayant été initié à ce genre de problème, il vous a en outre fallu moins de temps que précédemment pour rassembler et tester des idées possibles. La solution vous a peut-être échappé – faire fondre de la cire sur une des faces de la boîte pour y fixer la bougie, et punaiser la boîte au mur pour constituer un genre d'étagère – mais vous avez quand même développé votre capacité à chercher des façons de faire correspondre les éléments dont vous disposez avec votre objectif.

Si la solution est viable, le cheminement de pensée qui y a mené s'effacera plus difficilement. En installant une bonne solution dans son esprit, en y dédiant toute son attention, et en y associant la satisfaction du travail bien fait, on renforce chacun des souvenirs qui l'ont produite. On établit entre les détails d'un problème et sa solution une connexion qui pourra servir à nouveau. Le réseau de la mémoire s'est étendu et son maillage s'est renforcé. Si vous avez bien répondu à l'un de ces problèmes, plus grandes sont vos chances de ne pas l'oublier.

Modes de réflexion

En présence d'un problème coriace, il faut d'abord réfléchir aux façons de trouver une solution. On trouve parmi les modes de réflexion les plus utiles le recours à l'intuition, la pensée créative délibérée, l'étude des indices et l'enchaînement d'idées.

Quand faut-il suivre son intuition ?

Parfois, quelque chose nous souffle que nous sommes sur la bonne voie. Cela ne relève que rarement de la divination – mais plutôt de l'intuition, qui est en fait souvent bonne conseillère. L'intuition est le produit de mini-esprits qui n'ont pas la force de se faire clairement entendre dans notre tête, et ne parviennent qu'à y murmurer : on parle alors d'intuition ou de pressentiment. Cette déficience peut avoir plusieurs causes : soit les mini-esprits sont clairs et déterminants, mais c'est l'information qui leur parvient qui est faible ou brouillée, et cela ne leur permet de produire que des messages mous. Ou bien le mini-esprit est lui-même brumeux. Ou alors il s'agit d'une séquence de pensée erronée que vous n'avez jamais effacée de votre esprit. Essayez-vous donc au problème suivant (ce sont des mathématiques, mais les chiffres n'y ont pas trop d'importance) :

Deux bocaux de bonbons vous sont présentés. Le premier contient 93 bonbons rouges et 7 blancs, et le second, 9 rouges et 1 blanc. Vous gagnez 10 euros si, sans regarder, vous piochez un bonbon blanc, mais il faut d'abord choisir le bocal où vous allez jouer. Lequel vous offre plus de chances ?

On ne compte plus les étudiants qui ont eu droit à ce problème. Beaucoup ont choisi le bocal aux 100 bonbons parce qu'ils ont « suivi leur intuition ». Cette intuition, que nous sommes nombreux à partager, leur disait « plus = mieux », ce qui est souvent vrai, mais pas cette fois. Il y a 7 chances sur 100 de faire bonne pioche dans le grand bocal, mais 1 sur 10, ou 10 sur 100, dans l'autre[11]. Les étudiants dotés de mini-esprits calés en statistiques, ceux qui affichaient une certaine maîtrise des mathématiques, ne se sont pas laissé influencer par le mini-esprit qui leur soufflait de choisir le gros bocal. Si vous vous êtes trompé, nous espérons que vous aurez résolu de vous doter d'un mini-esprit plus féru de statistiques.

Parce qu'elle provient d'une chose dans votre esprit qui a déjà fait ses preuves, une bonne intuition est souvent épaulée par des informations, des faits ou l'expérience vécue. Toute solution comporte une part de hasard – on ne possède jamais *tous* les éléments d'un problème ou d'une situation. Nos meilleures intuitions sont celles qui touchent à un domaine ne serait-ce qu'un peu familier. C'est ce qui rend les experts si habiles à ce petit jeu. Avant de savoir exactement ce dont vous souffrez, le médecin s'en fait déjà une idée ; le prospecteur a beau ne pas connaître l'emplacement précis de la nappe de pétrole, il mettrait sa main à couper qu'elle est là ; le policier ne sait pas qui a commis le crime, mais il s'en doute bien.

Nos intuitions, l'impression de savoir, se révèlent plus souvent bonnes en présence d'un problème à solution unique plutôt que multiple. Si l'on vous demande quelle est la population de New Delhi et que vous ne la connaissiez pas, vous êtes assez conscient des chances que vous avez de tomber juste. Nous savons peu ou prou ce que nous pouvons espérer retrouver dans notre mémoire. De façon spécifique ou pas, nous connaissons nos acquis.

En revanche, quand un problème dépasse nos compétences, nos intuitions ne sont pas aussi fiables. Nous préférons parfois les suivre malgré tout plutôt que de prendre le temps de réfléchir, en particulier face à une situation que nous pensons avoir déjà connue. Ou quand nous n'avons pas trop envie de réfléchir, parce qu'il s'agit d'une affaire délicate d'ordre financier ou intime. Confronté à un problème, notre esprit commence par chercher le souvenir d'une situation similaire, d'un événement comparable dont la solution serait applicable. S'il trouve quoi que ce soit de vaguement ressemblant, une intuition se déclenche.

Voici comment nous appliquons parfois le souvenir d'une situation similaire, mais pas identique, pour déclencher une intuition :

Imaginons que la surface de la Terre ait été longuement polie jusqu'à constituer une sphère parfaite, et qu'on y noue à l'équateur une corde non élastique bien tendue. Imaginons à présent qu'on défasse le nœud pour donner deux mètres de mou équitablement répartis autour du globe. Combien d'espace ces deux mètres auront-ils ajouté entre la corde et la surface de la Terre ? De quoi glisser

une feuille de papier ? La main ? Un gros livre ?
Assez pour s'y faufiler ?

Vous vous êtes sans doute dit que cet espace serait
minuscule, tout juste de quoi y passer un doigt. Vous
vous êtes trompé. L'espace ainsi dégagé est d'un peu
plus de trente centimètres, il est donc possible de s'y
faufiler[12]. Votre intuition était sans doute fondée sur
des réminiscences de géométrie autour de l'insigni-
fiance des petites altérations sur les grands objets.
Vous avez pensé que deux mètres de plus à une corde
aussi longue que la circonférence de la Terre seraient
imperceptibles. Vos connaissances en géométrie sont
bonnes, mais elles n'ont pas cours ici, parce qu'elles
concernent un volume, pas une circonférence. L'ajout
d'une petite quantité à un volume, comme une goutte
d'eau dans l'océan, produit des changements imperceptibles. Mais la modification du rayon d'une sphère
par élargissement de sa circonférence est bien plus
conséquente, quel que soit ce rayon. Cette intuition
fondée sur une similarité avec les volumes était mauvaise.

Toutes les intuitions ne sont pas mauvaises pour
autant. Des gens très intelligents, de grands penseurs,
doivent de formidables découvertes à des intuitions
remontées à la surface après une longue rumination –
la théorie de la relativité d'Einstein et celle de
Darwin sur l'évolution, pour n'en citer que deux.
L'intuition dont il faut se méfier, c'est celle qui vient
de façon impulsive.

Derrière l'évidence

Dans les années 1950, quand les ingénieurs du
monde entier planchaient sur les circuits électriques,
Jack Kilby était un jeune électricien chez Texas Ins-

truments. Le moindre appareil un tant soit peu sophistiqué contenait des kilomètres de fil électrique raccordant les composants. Jusqu'alors, tout le monde avait cherché à comprimer tout ce câblage, mais Kilby a suivi une autre piste. « J'étais le petit nouveau fraîchement débarqué. N'ayant pas la moindre idée de ce que tous les autres estimaient impossible, je n'ai rien écarté d'emblée », dit-il.

Kilby a choisi de supprimer les fils et d'enchâsser certaines parties du circuit sur du germanium, où il graverait des sillons agissant à la façon des fils. Ainsi, non seulement il ramenait l'ensemble à plus petite échelle, mais il pouvait travailler en trois dimensions. Le circuit intégré de Kilby a révolutionné la technologie du XXe siècle et lui a valu le prix Nobel[13].

Pour fouiller sa mémoire et voir derrière l'évidence, il faut d'abord se défaire des idées habituelles. C'est à bien des égards l'essence de toute pensée créative – l'ignorance des pensées ordinaires au profit des souvenirs flous et lointains. Chez les gens créatifs, c'est tellement automatique qu'ils n'ont aucune conscience des clichés qu'ils évitent et du fossé qui les sépare des notions communes.

On peut aussi, pour sortir des sentiers battus et produire une pensée créative, se contenter de modifier l'idée évidente. Y ajouter ou y soustraire quelque chose. Changer la couleur. La forme. La taille. La ligne ou la fonction. Disposer différemment les parties. Employer d'autres matières. Envisager l'inverse. En préférant le germanium au cuivre, Jack Kilby n'a fait que changer le matériau des circuits électroniques.

Pour aboutir à une solution créative, il peut parfois suffire d'appeler un chat un chat. Depuis des décennies, la ville d'Ossining, près de New York, luttait pour améliorer son image, fortement marquée depuis plusieurs générations par la présence de la célèbre prison de Sing Sing. Les élus locaux voulaient imposer l'idée qu'Ossining est une charmante petite bourgade où il fait bon vivre et élever ses enfants, et qu'on y conclut des affaires florissantes, mais le pénitencier était difficilement escamotable. Récemment, ces élus ont changé leur fusil d'épaule. Ils vantent désormais leur ville comme une attraction touristique, précisément autour du thème de la prison[14].

Le médecin anglais Edward Jenner a vaincu la variole en procédant à une inversion du problème. Au lieu d'étudier des sujets atteints, il s'est penché sur ceux qui ne l'étaient pas. Il a remarqué que les filles des laiteries semblaient immunisées contre la variole. En revanche, elles étaient porteuses de la vaccine, une variante bénigne produisant le même genre de lésions. Il en a déduit que l'exposition à la vaccine protégeait les filles de la variole, ce qui l'a conduit à inventer la vaccination[15].

Des indices pour une solution

On trouve d'autant plus vite la solution qu'on dispose d'indices nous permettant d'orienter notre réflexion vers un type précis de souvenirs et d'idées. Le test suivant vous montrera à quel point cela est vrai. Prenez quelques secondes pour lire chacune des phrases suivantes :

Une brique peut servir à caler une porte.
Une orange peut servir pour jouer à la balle.
Une baignoire peut servir de récipient à sangria.
Une lampe torche peut servir de récipient à eau.
Un tapis peut servir de couvre-lit.
Un ballon peut servir d'oreiller.
Une planche peut servir de règle.

Un couteau peut servir à étaler de la peinture.

Une guitare peut servir de pagaie.

Masquez à présent ces phrases et essayer d'en retrouver le plus possible. La plupart des gens en retiennent environ la moitié. Puis, sans découvrir les phrases, essayez de vous en souvenir en parcourant cette liste d'indices :

Couteau

Lampe torche

Brique

Guitare

Baignoire

Tapis

Ballon

Orange

Planche

Ces mots ont probablement titillé votre mémoire, peut-être même vous ont-ils procuré une brève illumination quand une phrase que vous n'aviez pas retrouvée plus tôt vous est revenue. C'est le propre des indices – en rétrécissant le champ de recherche, ils augmentent les chances de trouver[16].

L'indice est lié au souvenir que vous recherchez, que ce soit par le temps – quand on voit ou qu'on entend un indice au moment de la constitution du souvenir – ou par le contexte partagé – lorsqu'une idée nous revient dans une situation ou des circonstances similaires. Le contexte partagé peut prendre la forme d'une expérience répétée : on apprend à danser dans telle pièce, on révise les grandes dates de l'histoire avec tel camarade, puis on retrouve les pas dans la même pièce, les dates en présence de la même personne. Les designers qui cherchaient à perfectionner les chariots de supermarché ont trouvé leurs indices en s'immergeant dans le problème. Ils ont visité des grandes surfaces et observé les clients se débattre avec des chariots mal conçus.

Parfois, le contexte partagé repose sur un certain état émotionnel. Il arrive qu'il faille retrouver l'humeur qui nous habitait au moment de l'apprentissage. Dans ce cas, c'est l'humeur qui est l'indice. Une étude des effets de l'alcool sur les étudiants a révélé à quel point l'état d'esprit pouvait être un indice parlant. Ceux qui avaient assimilé leurs cours en état d'ébriété retrouvaient plus facilement leurs souvenirs s'ils buvaient à nouveau. Cela peut aussi expliquer pourquoi une personne qui cache de l'argent sous l'emprise de l'alcool a souvent bien du mal à le retrouver avant la prochaine cuite.

Si vous tenez absolument à trouver une solution créative, cela peut vous amener à chercher loin. Vous récolterez beaucoup d'indices inutiles, certains vous enverront même dans la mauvaise direction, mais plus vous brasserez de pensées, plus vous aurez de chances de trouver la bonne. Pour ses idées de cartes de vœux, la directrice artistique de Hallmark Cards pêche au filet. Elle passe l'essentiel de l'année à son bureau, dans la somnolence de Kansas City. Mais quand il faut faire le plein de nouvelles stimulations, elle part s'immerger dans des lieux regorgeant d'énergie et de diversité, comme New York. Elle peut alors fouiller quinze boutiques de Manhattan dans la journée à la recherche d'indices, pour rentrer avec deux ou trois idées exploitables pour ses cartes de vœux[17].

Une autre façon de trouver l'indice déterminant peut consister à aligner une série de moindres indices. En extrapolant à partir de ce que vous tenez pour une solution possible, assemblez des éléments d'expérience et de savoir, et des bribes d'information susceptibles de déboucher sur une solution. Voici un exemple : vous voulez savoir quelle région des États-Unis cultive le riz. Votre indice de départ provient de vos souvenirs sur les exigences de la riziculture – un terrain plat, beaucoup d'eau, des températures élevées. Ces indices circonscrivent votre recherche aux États du Sud. Vous passez donc en revue tous les États du Sud particulièrement plats et humides. La réponse tombe alors toute seule – c'est la Louisiane[18].

Enchaîner les indices est un bon moyen de retrouver des idées et des souvenirs que vous n'imaginiez pas détenir. Cela peut vous aider à trouver des solutions, mais aussi à faire des déductions et à révéler des connaissances. Voyez si vous parvenez à trouver les indices nécessaires pour répondre à ce problème :

Deux hommes marchant dans le désert croisent un étrange cadavre, muni d'un petit sac contenant encore des vivres et de l'eau, d'un sac plus gros mais vide sur le dos, et d'un anneau métallique à l'index. Il n'y a aucune trace autour de lui. Le sable est lisse, il n'y a personne à l'entour, et on est à des kilomètres de toute habitation. Les marcheurs se demandent ce qui a bien pu tuer l'homme.
Ils reprennent leur route, et l'un des hommes, prenant son mouchoir dans sa poche, le laisse tomber par mégarde. En voyant le tissu atteindre le sol, il comprend ce qui a tué le mystérieux cadavre.

Réponse : Le mystérieux cadavre est tombé en parachute. Le parachute a été emporté par le vent, mais l'anneau est resté à son doigt. L'indice a jailli de la chute du mouchoir, qui a déclenché la connexion[19].

Vérifier une solution

Le meilleur moyen de savoir si l'on a employé les bons souvenirs pour résoudre un problème consiste à s'assurer que le problème est résolu. Le plus souvent, nous ne vérifions pas les réponses que nous avons apportées à nos problèmes quotidiens parce que nous sommes habitués à nous contenter de solutions partielles ou temporaires. Nous nous lançons dans des régimes qui ne fonctionneront qu'un mois. Nous faisons des investissements dont la valeur décline. Nous tolérons que nos animaux domestiques abîment nos meubles. Nous avons beau régler le réveil, il n'y a pas moyen d'arriver à l'heure au bureau. Pourtant, la vérification de nos solutions n'est pas seulement indispensable à la recherche de bonnes réponses, elle l'est aussi si l'on veut être certain que les souvenirs de notre mémoire intelligente sont classés au côté des éléments dont ils auront besoin pour régler ce type de problème à l'avenir.

Le constat qu'une solution est mauvaise peut vous amener à revoir votre stratégie de fond en comble, et vous contraindre à poser un regard nouveau sur le problème. C'est ce qui est arrivé à un fabricant de tenues de bain qui voulait dessiner un maillot résistant à la décomposition et au ternissement des couleurs. La question était particulièrement délicate, parce que rares sont les tissus modernes dont la texture et la teinte résistent à l'assaut de l'eau salée ou chlorée. Après avoir vainement testé un certain nombre de matières synthétiques, le fabricant s'est reposé le problème différemment. Observant sa clientèle, il s'est aperçu que quatre-vingt-dix pour cent des maillots n'étaient jamais mouillés. Les femmes ne les portaient pas pour nager mais pour prendre le soleil. Le problème n'était plus le même, c'était bien plus simple – il suffisait de créer un maillot supportant le soleil, pas l'eau[20].

Il arrive que, refusant d'admettre qu'une meilleure solution puisse exister, nous tranchions sans plus attendre pour nous débarrasser du problème. C'est un piège qui nous guette aussi bien face à des problèmes bien définis, comme une fuite à colmater, que mal définis, comme la conception d'un meilleur planning de vacances pour les employés. Dans un cas comme dans l'autre, la solution passe par une meilleure compréhension du problème.

Les problèmes les plus ouverts méritent eux aussi un supplément de réflexion avant qu'on ne se lance dans une solution. C'est ce qu'a démontré l'étude réalisée auprès d'une classe de beaux-arts dont les élèves devaient tirer une nature morte d'un assortiment d'objets. Les auteurs des œuvres les plus créatives ont été ceux qui avaient passé le plus de temps à réfléchir à l'agencement des objets avant même de prendre le crayon. Ceux qui ne cessaient de chercher la petite bête pour améliorer leur dessin.

EXERCICES

1. Les problèmes suivants vous demandent soit de fouiller les différents domaines de votre savoir, soit de faire appel à votre intuition. Saurez-vous distinguer les uns des autres ?

Sans lever votre crayon du papier, joignez ces quatre points par deux lignes droites.

○
    ○

    ○
        ○

Réponse : À moins d'avoir une connaissance spécifique de ce genre de figures, ou d'avoir immédiatement trouvé la solution, votre réponse est née de l'intuition.

Vous êtes dans le hall d'un immeuble qui compte six ascenseurs. Comment savoir quelle porte s'ouvrira en premier ? Peut-on répondre en se servant de connaissances plutôt que de l'intuition ?

Réponse : En l'absence d'un voyant vous indiquant à quel étage se trouve chaque ascenseur, ce qui aurait rétréci votre choix, vous ne pouvez répondre que par intuition.

Quelle ville est plus peuplée : Montpellier ou Reims ?

Réponse : Cette question peut être traitée à l'intuition ou par la réflexion. Si votre intuition vous a soufflé que c'est Montpellier, vous avez eu raison, et cela reposait sans doute sur des connaissances auxquelles vous n'avez pas délibérément songé. Sans forcément connaître la population des deux villes, il suffisait de savoir que Montpellier compte davantage d'équipes de sport de haut niveau et un plus gros aéroport pour mettre votre intuition sur la bonne voie.

À ces groupes de trois mots, on pourrait en ajouter un quatrième. *Lequel ?*

Jouer – Crédit – Routière

Banque – Doux – Avion

Réponse : Les bonnes réponses, carte et billet, ont sans doute jailli de votre savoir. Si vous avez l'habitude de travailler avec les mots, ou si vous êtes amateur de mots croisés ou fléchés, vous disposiez de suffisamment de souvenirs utiles pour répondre sans hésitation[21].

2. En fouillant notre mémoire à la recherche d'une solution créative, nous nous laissons souvent entraîner dans les sentiers battus. Cette tendance peut même s'avérer assez irrésistible. L'exercice suivant est censé vous contraindre à ne pas y céder.

Choisissez un objet courant et faites la liste de tous ses usages conventionnels ; puis imaginez un nombre égal d'usages non conventionnels. Pour une bouteille en plastique de deux litres, par exemple, on pourra citer parmi les usages conventionnels le fait de capturer de l'eau de pluie, de mélanger du jus d'orange, de ranger des trombones, de conserver un reste de soupe, ou de mélanger de la peinture. Pour les usages inhabituels, cette bouteille pourrait tenir lieu de quille de bowling, d'objet flottant, de rouleau à pâtisserie de fortune, de bocal à poisson, ou de chandelier.

Faites de même avec les objets suivants : une ampoule électrique usée, une vieille balle de tennis, un boîtier de CD.

3. Afin de tester votre aptitude à enchaîner les indices menant à la solution, répondez à ces questions :

Quel animal sauvage est aussi rapide que le cheval ?
La mouflette
Le grizzly
Le rhinocéros
La fourmi rouge

Au XVIIe siècle, quelle maladie a tué près de soixante millions d'Européens ?
Le SIDA
La variole
La rougeole
La leucémie

De quoi sont essentiellement constitués un mur de briques et une fenêtre vitrée ?
De béton
De graphite
De silicone
De sable

Quelle plante est capable de pousser de un mètre en vingt-quatre heures ?
La fétuque bleue
Le chêne
Le bambou
Le tournesol

Quel est le plus grand organe du corps humain ?
La peau
Le foie

Le cœur
Les poumons

Réponses : Le grizzly, la variole, le sable, le bambou et la peau. Même si vous pensiez ne rien connaître à ces sujets, si vous avez répondu correctement, c'est que vous avez pu relier suffisamment de faits pour deviner juste. Les réponses à choix multiples ont tenu lieu d'indices vous aiguillant vers la bonne information. Chaque fois, ils vous ont permis de parcourir les possibilités, de faire le compte de ce dont vous étiez sûr, et d'aboutir à la réponse logique. Il vous a fallu repêcher des connaissances sur le mouvement des animaux, les grandes maladies de l'histoire, le bâtiment, l'aspect des plantes et la taille et la forme du corps humain.

4. Cet exercice révèle à quelle vitesse les indices stimulent votre mémoire intelligente.

Voici quinze mots qui sont autant d'indices pour un seizième qu'ils ont tous en commun. Masquez la liste et lisez-la en ne découvrant qu'un mot à la fois, en n'accordant que dix secondes à chacun. Quel niveau de la liste atteindrez-vous avant de trouver ?

Ancre
Forçat
Montage
Travail
Or
Sûreté
Bicyclette
Arpenteur
Montagnes
Réaction

Stéréo
Télévision
Hôtelière
Chien
Production

Explication : La plupart du vaste groupe qui a passé ce test a trouvé la réponse, « chaîne », autour du dixième indice. Les indices reposaient sur les expressions suivantes : chaîne d'ancre, chaîne de forçat, chaîne de montage, travail à la chaîne, chaîne en or, chaîne de sûreté, chaîne de bicyclette, chaîne d'arpenteur, chaîne de montagnes, réaction en chaîne, chaîne stéréo, chaîne de télévision, chaîne hôtelière, chaîne du chien, et chaîne d'attelage[22].

5. Chacun des problèmes suivants a plus d'une solution. Bien qu'ils traitent de sujets qui ne vous sont probablement pas familiers, essayez d'y répondre à l'aide des indices fournis.

Lors de la construction du métro de Londres, l'eau de la Tamise s'infiltrait dans l'immense trou qui deviendrait Victoria Station. Les ingénieurs ont dû trouver un moyen d'arrêter cette fuite le temps de creuser le tunnel et d'achever la station avant de colmater le chantier au ciment[23].

Solutions possibles : Geler l'eau suintante. Ne pas chercher à contenir l'eau, mais plutôt à en réorienter le cours.

Craignant que sa responsabilité civile soit engagée, la voirie d'une ville voulait empêcher les adolescents de faire de la planche à roulettes dans les rigoles de drainage de l'autoroute, constituées de béton parfaitement lisse. On a d'abord installé du grillage, mais les jeunes l'ont contourné. On a étendu la surface grillagée, mais ils l'ont découpée. On a placé des panneaux d'avertissement, mais ils les ont ignorés.

Solutions possibles : Poser des stries de béton le long des rigoles pour les rendre impraticables aux planches à roulettes. Bâtir une piste de patins à roulettes dans les environs.

6. Voici la description d'une personne se livrant à un étrange manège. Ses actes ont pourtant une logique. Laquelle ?

Sally a commencé par lâcher une bande de rongeurs. Ça n'a pas marché parce qu'un chien les a chassés. Elle a alors organisé une fête mais ses invités ne sont pas venus en moto, et sa chaîne stéréo n'était pas assez puissante. Le lendemain, Sally l'a consacré à chercher un « voyeur » mais il n'y en avait pas dans les pages jaunes. Quelques coups de fil obscènes lui ont redonné un peu d'espoir, mais le numéro a été changé. C'est finalement l'installation d'une enseigne clignotante sur le trottoir d'en face qui lui a permis d'atteindre son objectif[24].

Réponse : Sally cherchait à pousser au déménagement un voisin déplaisant.

7. S'il semble ne pas y avoir de solution, ou si les solutions disponibles ne fonctionnent pas, il faut repenser le problème. Testez cette méthode pour la question suivante :

Les deux fils d'un riche marchand sont d'excellents cavaliers. Seulement, ils sont en compétition perpétuelle, chacun cherchant constamment à prouver sa supériorité sur l'autre. Fatigué de leurs incessantes chamailleries, le père leur propose de faire une course qui déterminera une fois pour toutes lequel est le meilleur. En outre, le vainqueur remportera la totalité de sa fortune. La course doit se tenir entre la propriété familiale et une ville située à 150 kilomètres de là. Mais il y a un détail qui change tout. Le père a décidé que le vainqueur serait celui dont le cheval arriverait second. Il veut que ce soit une course de mémoires intelligentes, pas de chevaux.

Les cavaliers sont partis extrêmement lentement, à tel point qu'après deux jours, ils n'avaient parcouru que cent mètres. Ne souhaitant pas voir la course s'éterniser, la mère des garçons a chuchoté quelque chose à l'oreille de chacun d'eux. Aussitôt, tous deux sont repartis à bride abattue vers la ville. Que leur a-t-elle dit ?

Réponse : Elle leur a signalé que le vainqueur serait celui dont le cheval, pas le cavalier, arriverait second. Les garçons ont donc échangé de cheval. Ainsi, le cheval du cavalier arrivé premier finirait second.

9

La créativité au travail

À l'instar de notre mémoire intelligente, la créativité repose sur la fabrication de connexions nouvelles. On suppose en général que cela ne concerne pas nos actes quotidiens. Cette erreur provient du fait que l'on tient la créativité pour un état d'exaltation aussi rare que précieux, réputation à laquelle des génies de l'acabit de Picasso ou d'Einstein n'ont pas peu contribué, et qui est aujourd'hui profondément ancrée dans nos esprits[1].

Les idées de ces génies furent un extrême, mais le processus créatif qu'ils suivirent est en substance identique à celui que nous connaissons tous. La créativité peut être grande ou petite, fréquente ou rare. Chacun de nous accomplit quelque chose de créatif tous les jours de sa vie. Pour qu'une idée soit créative, elle doit être à la fois unique et utile. Dans sa petite enfance, mon fils aîné s'était passablement emballé d'avoir « inventé » une pratique culinaire consistant à ensevelir son bifteck haché sous les frites plutôt que sous le ketchup. Bien qu'étant assez fier de lui, je n'ai pas manqué de lui faire gentiment observer que quelqu'un d'autre sur terre y avait sans doute déjà songé. Mais sa démarche n'en était pas moins créative – originale et utile – pour lui.

Cette idée que la créativité est une chose exceptionnelle, pas du tout quotidienne, est due sans doute aussi au fait que le monde des arts ne cesse d'en revendiquer l'exclusivité et que, pour la plupart, nous ne nous considérons pas comme des artistes. Rares sont les hommes et femmes d'affaires ou les scientifiques qui reconnaissent ouvertement leur créativité ; qualifier une comptabilité de « créative » tiendrait de la désapprobation, voire du soupçon d'illégalité. Mais qu'il s'agisse d'art ou de gestion quotidienne, d'affaires ou de progrès scientifique, la pêche aux nouvelles connexions est toujours une démarche créative.

Et puis, le plus souvent, l'art n'a pas à résoudre de problème spécifique. En revanche, il possède parfois un objectif, qu'il s'agisse d'inciter le spectateur et l'artiste à réfléchir aux grandes questions de l'existence, de heurter sa sensibilité ou juste d'offrir une certaine idée de la beauté. Ce peut être aussi de simplement divertir. Quel qu'en soit le propos, l'œuvre d'art force de nouvelles connexions chez quiconque s'y frotte. Cette particularité – la capacité à inspirer de nouvelles connexions à autrui – rend l'art dépendant de la mémoire intelligente du public. Pour apprécier une œuvre d'art quelle qu'elle soit, il faut de la mémoire intelligente.

Progresser par grands bonds

Qu'elle s'exprime à travers l'art, les affaires ou la science, la créativité repose toujours sur l'association inédite de deux idées, ou la création d'une idée neuve, ou les deux à la fois. L'esprit fabrique un nouvel élément, ou alors il trouve des points communs à deux éléments jusque-là dissociés. Pour créer une connexion, notre esprit doit se projeter en territoire totalement inconnu, où il lui faut un point d'atterrissage. Plus ce bond est inhabituel et distant, plus il est créatif. Que ce soit de façon automatique ou sous la conduite de l'administrateur du traitement de la mémoire, notre mémoire intelligente ne cesse d'établir de nouvelles connexions. Les bonds qui couvrent une grande distance mentale engendrent de la pensée créative.

Il faut d'abord trouver le meilleur point de départ pour l'esprit. À partir d'un élément déjà présent dans notre mémoire intelligente, toute pierre de gué peut faire l'affaire. Il faut souvent un certain temps, et pas mal d'effort, à la mémoire intelligente pour trouver la bonne suite d'associations. C'est un processus qui se fait par à-coups.

C'est alors qu'une connexion s'établit, et qu'on le ressent. Un réseau prend brusquement forme. C'est comme une boucle qui se referme. Il a peut-être fallu des mois ou des années pour y aboutir, mais lorsque la dernière pièce se met en place, le flot de pensée qui traverse soudain les nouvelles connexions ressemble exactement à cela, un flot. Le physicien et romancier Alan Lightman, qui a fait preuve d'une grande créativité dans ses deux domaines d'activité, a remarqué que « l'"instant créatif" produit la même sensation dans mes deux professions… c'est le moment privilégié où une idée, une notion, ou une perspective non orthodoxe prend soudainement tournure[2] ».

L'esprit artistique

Ce processus a été décrit par d'innombrables artistes. Curieusement, ceux-ci insistent davantage sur le processus lui-même que sur la création qui en a découlé. Cela tient sans doute au fait que ce sont la préparation et la recherche qui leur prennent le plus de temps. Les textes suivants illustrent les différentes façons qu'ont ces artistes de préparer et d'utiliser les connexions déjà présentes dans leur mémoire intelligente pour forcer le jaillissement de nouvelles.

Le dessinateur humoristique

Le dessinateur humoristique Jack Ziegler décrit ainsi son travail créatif :

« Lorsque je suis devant ma page blanche, j'ouvre le *New York Times* du jour, dont je parcours la première page de chaque section, en prenant des notes. Il me suffit presque toujours de ne noter qu'une seule chose… pour en tirer une idée. Puis je bricole, je griffonne des petits bouts çà et là, jusqu'à ce que ça commence à prendre forme. Ces griffonnages m'entraînent parfois dans une direction qui n'a plus rien à voir avec le mot que j'avais noté au départ, mais, tant que ça me plaît, je poursuis.

Parfois, je m'enferme dans une impasse d'où je dois m'extraire à l'arraché, sans cesser de me répéter : "J'aimerais vraiment pouvoir tirer quelque chose d'exploitable de cette image."

Si le *New York Times* ne m'est d'aucun secours et qu'après l'avoir lu je n'ai toujours rien noté sur mon bloc-notes, je m'en remets alors à la stricte discipline de la rêverie, errance qui ne mène souvent nulle part, mais donne quand même à l'occasion un ou deux joyaux. Je continue à dessiner par libre association, laissant une chose mener à l'autre.

Parfois, je trouve une piste et quelque chose se passe. Les idées s'enchaînent. C'est un flot d'adrénaline qui, au bout d'un moment, finit par s'épuiser. Alors, quand je sens qu'il ne reste plus rien, je ramasse ces brouillons et je les range précieusement[3]. »

L'écrivain

Voici comment le célèbre auteur de science-fiction et de *fantasy* Stephen R. Donaldson décrit sa méthode de travail :

« La plupart de mes meilleures histoires ne naissent pas d'une idée mais de deux. Je commence par trouver la première ; elle m'excite suffisamment pour rester en moi ; mais malgré tout son potentiel apparent (à mes yeux)… elle se contente de s'installer là, dans ma tête – souvent pendant des années – et elle me répète : "*Regarde-moi*, imbécile. Si seulement tu voulais bien *poser les yeux* sur moi, tu saurais quoi faire de moi."

Les Chroniques de Thomas l'Incrédule, par exemple, reposent exclusivement sur deux idées : l'incroyance et la lèpre. L'envie d'écrire un roman fantastique sur un incroyant, un homme qui rejette en bloc l'idée même du surnaturel, m'est venue vers la fin de 1969. Mais la graine est restée dormante : il n'y avait pas moyen de la faire germer. C'est en mai 1972 que j'ai saisi que mon incrédule devait être lépreux. À peine ces deux idées se sont-elles rencontrées, que mon esprit s'est embrasé. J'ai passé les trois mois qui ont suivi à prendre des notes fiévreuses, à tracer des cartes, à imaginer des personnages, à étudier toutes les implications de l'incrédulité et de la lèpre. Puis je me suis mis à écrire[4]. »

Photographes et peintres

Les écrivains ont été les plus prolixes en descriptions du processus, mais les photographes, les peintres et les autres artistes suivent exactement le même parcours pour trouver des éléments inhabituels ou créer des connexions marquantes. Le chef-d'œuvre du photographe Richard Avedon, *Dovima et les éléphants, Cirque d'Hiver, Paris, France, 1955*, est un cas flagrant d'association extraordinaire d'éléments ordinaires – un mannequin de mode et des éléphants.

(Photograph by Richard Avedon. Dovima with Elephants, Cirque d'Hiver, Paris, France, August 1955. © 1955 Richard Avedon.)

Dans son journal intime, la photographe Cindy Sherman dévoile quelques aspects de ce processus. Comme pour les écrivains, cela fonctionne par à-coups, à force de tentatives et d'échecs, à la recherche des meilleurs points de départ et d'atterrissage : « J'ai du mal à choisir une direction et à m'y lancer. C'est que je ne dois pas être inspirée, j'ai pris beaucoup de Polaroïds de choses qui m'amusent. Peut-être que cela me détourne d'une réelle concentration, mais j'aime bien me dire qu'ils servent de brouillon[5]. »

Le peintre abstrait Jackson Pollock était réputé pour l'originalité de ses méthodes et de ses matériaux. Ainsi que l'a raconté le magazine *Times*, il « a étalé ses toiles au sol, sur lesquelles il a versé de la peinture, du sable et du bris de verre, avant de les barbouiller et de les lacérer[6]… ». Pollock était à la recherche de nouveaux points de départ dans sa mémoire intelligente. Dans les films et photos le montrant au travail, on le voit s'interrompre, réfléchir, avant de se remettre à l'ouvrage. De toute évidence, ces pauses correspondent au temps de brassage des connexions, quand l'esprit du peintre cherche l'endroit précis où sa toile exige un coup de pinceau. Pour tous les artistes et les penseurs créatifs, le processus est le même ; seuls varient les matériaux, les méthodes et les objectifs[7].

Enseignements pour une pensée créative

Si vous souhaitez voir votre mémoire intelligente produire des idées plus créatives, il faut tirer les enseignements de ce que disent les créateurs comme ceux évoqués plus haut, qui font de la recherche de nouvelles connexions une pratique délibérée et régulière.

Par nature, une connexion créative est très différente des connexions ordinaires. Si elle avait pu se former à partir des éléments familiers et des cheminements courants de notre esprit, elle l'aurait déjà fait. Les solutions créatives demandent donc des éléments inhabituels et une bonne part de vagabondage mental.

Puisque ces éléments et connexions doivent être originaux, vous aurez sans doute à les fabriquer de toutes pièces ; hormis quelques-uns, ils ne se trouveront probablement pas déjà en vous. Il faut donc vous attendre à devoir en pêcher au-dehors, que ce soit en écoutant les informations ou en observant les motifs laissés par du verre pilé sur une toile.

Ce processus d'emmagasinage demande un temps et un effort considérables, même si cet effort peut être involontaire. Malheureusement, en matière d'idées créatives, on ne sait jamais d'emblée ce qui mérite qu'on s'y attarde et qu'on le retienne. Les penseurs créatifs puisent souvent de nouveaux matériaux et de nouvelles perspectives hors de leur domaine. Cela peut sembler intimidant, mais c'est souvent grisant. L'auteur de romans policiers Dashiell Hammett mettait un point d'honneur à ce que ses lectures traitent de tout, de la religion à la fabrication du verre en passant par la physique du plasma[8]. L'acteur, scénariste, auteur dramatique et collectionneur d'art Steve Martin puise incontestablement dans sa connaissance approfondie d'une foule de sujets pour y trouver humour et inspiration.

Attendez-vous à connaître de nombreuses fausses alertes. La meilleure des idées ne suffit que rarement à résoudre un problème ou à passionner les foules. Tout penseur créatif sait parfaitement que pour chaque idée valable, il en faut des centaines, voire des milliers d'inutiles. Quels que soient le soin et les intentions qu'on y met, le processus comporte invariablement une immense part de tentatives et d'erreurs, ainsi que l'illustre le dessin ci-dessous :

Qu'il s'agisse de faire soi-même preuve de créativité ou d'apprécier celle d'autrui, il faut une bonne mémoire intelligente. Dans un cas comme dans l'autre, ce sont les mêmes muscles mentaux qui sont actionnés, mais, pour le créateur, la tâche est nettement plus incertaine, et plus ardue. La créativité exigeant des connexions ouvertes, les exercices qui suivent sont différents de ceux des autres chapitres.

EXERCICES

    1. Quelles connexions établit votre esprit à la lecture de cette vignette ? Lesquelles sont actionnées ? Où réside l'humour ?

« Non, pas jeudi. Que diriez-vous de jamais – jamais vous conviendrait-il ? »

    Réponse : Il arrive à tout le monde de vouloir remettre aux calendes grecques certains rendez-vous embêtants, mais la courtoisie nous oblige à fixer une date. Dans ce dessin, la notion de rendez-vous précis, mais très loin dans le futur, est mise à mal par la date envisagée : « jamais » – un futur infiniment lointain.

    2. Essayez quelque chose qui sorte totalement de vos habitudes. Empruntez un nouvel itinéraire. Parcourez la bande FM et arrêtez-vous sur la station qui vous paraît la plus étrange. Regardez une chaîne de télévision que vous ne regardez jamais. Écoutez les propos de quelqu'un dont vous n'avez jamais entendu parler ou que vous détestez. Chaque fois, cherchez à

comprendre le point de vue qui a mené leur auteur à cette musique ou à ces opinions.

3. Feuilletez un livre à la recherche de stimulation et de sources d'intérêt. Ouvrez un livre de graphisme, notamment s'il vise à stimuler les idées du lecteur. C'est le propos avoué de certains ouvrages sur les arts visuels, comme l'*Idea Index* de Jim Krause (North Light Books, 2000) et *A Smile in the Mind : Witty Thinking in Graphic Design* (Phaidon, 1995). La publicité est toujours fertile en idées créatives. Un bon livre a récemment paru à ce sujet : *Creative Advertising : Ideas and Techniques from the World's Best Campaigns* (Thames & Hudson, 2002), de Mario Pricken.

4. Ne faites rien – rêvassez.

5. Rêvassez, mais avec un objectif en tête. Soumettez un problème ou une situation à votre réflexion, mais avant d'attaquer dans le vif, prenez le temps de laisser vos pensées tourner autour de la question.

6. Il existe une foule de manuels de techniques de stimulation de la pensée créative. Toutes ces techniques sont bien connues, comme le recours à de nouvelles associations, l'imagination ouverte, ou le brainstorming. *How to Get Ideas* (Berrett-Koehler, 1996), de Jack Foster, est à ce titre très amusant.

10

Prévenir les erreurs mentales

La mémoire intelligente n'est pas à l'abri des erreurs. Malgré les puissants outils mentaux dont elle est dotée – les mini-esprits – il lui arrive de ne pas solliciter le bon. Ou alors de ne pas disposer de suffisamment d'informations sur un problème, ou que ces informations soient erronées, ou trop vagues pour déterminer quel mini-esprit activer. Il arrive encore que les mini-esprits eux-mêmes soient erronés, ou en conflit avec un ou plusieurs autres. Pousser la mémoire intelligente à se précipiter est aussi une source d'erreurs fréquente. Enfin, il se peut que la réalité ne soit pas telle qu'on la voit, ou qu'on la désire. Voici quelques-uns des problèmes liés au mode opératoire de la mémoire intelligente.

Trop généraliser

Pour répondre à nos besoins quotidiens, la mémoire intelligente possède une tendance automatique à la généralisation, qui, en nous permettant d'associer entre elles des idées similaires, apporte à notre perception et à notre pensée une bonne part de leur créativité. Mais il est notoire qu'elle peut aussi mener à l'erreur. Après tout, tous les feux de signalisation ne sont pas semblables, et les gens n'ont pas la même apparence sous différents éclairages. Généraliser peut parfois nous faire bondir dans la mauvaise direction, ou nous amener à relever des similitudes inappropriées. Lorsque vous appreniez à lire, la ressemblance entre le O et le Q prêtait à confusion, mais vous avez affiné votre perception de leurs différences. Nombreuses sont les situations qui prêtent à confusion, et nous ne sommes pas toujours assez prudents.

C'est particulièrement déterminant dans le cas des témoignages visuels. La pénombre, la fugacité, la surprise et la peur sont autant de sources d'altération de notre perception des faits et du souvenir qu'ils nous laissent. Un homme a ainsi été accusé de viol parce que la victime était persuadée d'avoir nettement distingué son visage. Elle l'a d'ailleurs formellement reconnu lors d'une séance d'identification. Seulement, cet homme avait un alibi en béton : au moment du viol, il passait en direct à la télévision. Poussant plus loin l'interrogatoire de la victime, les enquêteurs ont découvert qu'elle avait justement vu son intervention peu avant les faits. À l'évidence, elle avait interverti son visage et celui de son agresseur. En plein état de choc, son esprit avait étiqueté l'identité du coupable sur ce visage[1].

Des connexions défectueuses

Parfois, la mémoire intelligente passe à côté d'un rapprochement important à cause d'une connexion

230

trop faible ou trop lente. C'est très fréquent. Qui n'a jamais eu d'idée géniale... quelques minutes trop tard ? Cela peut avoir de drôles de conséquences.

Un gardien de nuit avait un plan astucieux pour dévaliser la petite surface qui l'employait. Après avoir obturé l'objectif des caméras de surveillance de ruban adhésif, il avait vidé la caisse, et caché son butin dans la poubelle. Il a ensuite appelé la police pour se plaindre d'un vol à main armée, et prétendu que les voleurs l'avaient contraint à aveugler les caméras. Il avait manifestement prévu de récupérer le magot une fois toute l'agitation retombée. Mais une connexion ne s'était pas faite en lui : on ne masque pas l'objectif d'une caméra avec du ruban adhésif transparent. L'image n'était pas vraiment nette, mais bien assez pour révéler qu'il avait agi seul[2].

Les conséquences de ce genre d'étourderie peuvent tourner au drame. Trois membres du personnel d'entretien d'une école élémentaire avaient pulvérisé un produit solvant dans la loge du gardien. L'un d'eux a craqué une allumette, peut-être pour fumer une cigarette. On ne le saura jamais, parce que l'explosion a tué les trois hommes et blessé seize enfants. Ces hommes savaient assurément que les produits solvants sont inflammables, mais la connexion ne s'est pas faite à temps[3].

La mémoire intelligente s'imprègne d'expérience, ce qui est globalement une bonne chose. Tout ce que vous avez jamais vu, pensé et fait est stocké d'une manière ou d'une autre dans votre mémoire intelligente, et rien ne peut l'effacer. Le problème survient quand votre propre expérience n'est pas de bon conseil pour la question que vous soumettez à votre mémoire intelligente. Votre vision peut en devenir trop étroite, et votre expérience se révéler insuffisante.

Tout le monde possède dans sa mémoire intelligente une bibliothèque de pensées qui se connectent instantanément. Certaines sont simples comme « s'arrêter au feu rouge », ou « courir dans l'autre sens si un gros animal féroce à grandes dents se précipite vers soi ». Les pensées connectées fonctionnent comme des mini-esprits – des esprits dans notre esprit qui s'affairent continuellement à relier les idées et à jongler avec les problèmes sous le seuil de notre conscience. Chacun de nous est doté de nombreux mini-esprits à la naissance, mais d'autres se forment à mesure que nous accumulons savoir et expérience. Les mini-esprits les plus complexes découlent de l'expérience et de l'exercice. On en trouve une illustration dans le processus d'évaluation que suit le parieur pour trouver le cheval gagnant, celui qui pousse le boursicoteur à choisir les bons investissements, ou le golfeur à choisir le club qui convient. Mais aussi dans ce que nous disent parfois nos mini-esprits : « Quelque chose qui surgit promptement à l'esprit doit nécessairement être important », ou : « Si un événement se reproduit systématiquement de la même façon, il continuera de le faire tant que rien ne viendra le modifier. »

Les mini-esprits restent généralement dormants tant que les circonstances de leur activation ne sont pas réunies. Un feu qui passe au rouge active en vous un mini-esprit qui met votre pied sur le frein sans que vous ayez à y réfléchir. De la même façon, l'amateur de courses, le golfeur professionnel et l'expert du tricot n'ont probablement pas conscience des pensées qui les ont conduits à choisir tel cheval, tel club ou telle couleur de laine.

Ces schémas de pensée inconscients, ces mini-esprits, sont sujets à deux types d'erreur. Ils peuvent être activés alors qu'il ne le faudrait pas. Le feu rouge vous fait freiner, mais toute lumière rouge ne signifie pas qu'il faille s'arrêter. Un rugissement de lion nous fait sursauter, avant qu'on comprenne qu'il est en cage. Les mini-esprits nous poussent parfois à agir ou à chercher une solution alors que la situation n'en demande pas. Et, pour couronner le tout, quand elle s'entête à camper dans notre esprit, ce genre de mauvaise réaction ou d'idée déplacée nous conduit à répéter l'erreur.

Il arrive aussi parfois que les mini-esprits se trompent franchement, percevant du danger là où il n'y en a pas, ou associant des idées ou des pensées primaires qui appartiennent à notre patrimoine génétique mais n'ont pas d'utilité dans le monde moderne. On voit cela dans le fait qu'en présence d'un serpent inoffensif la plupart des gens adoptent instinctivement une position d'affrontement ou de fuite. Il y a aussi le genre de pensée magique auquel nous cédons tous un jour ou l'autre – qu'illustre par exemple le comportement au volant des adolescents qui se sentent invulnérables et immortels.

Les bienfaits d'une réflexion posée

Si l'on ne veille pas à les corriger, les travers de notre pensée s'enracinent dans la mémoire intelligente. Après tout, l'essentiel du travail de la mémoire intelligente consiste à se souvenir. Elle ne saurait distinguer d'elle-même le vrai du faux, le bon sens de la pensée magique. Elle se contente de tout enregistrer à des fins d'utilisation ultérieure.

En ralentissant notre réflexion, on peut empêcher nos mini-esprits d'engendrer des idées erronées. La mémoire intelligente est rapide, mais elle gagne en productivité si on lui laisse plus de temps pour travailler. Elle pousse plus loin l'exploration de notre réseau d'idées et d'associations, et se montre plus à même de fournir la bonne réponse.

Heureusement, toutes les pensées n'exigent pas d'intention ni d'attention particulières, parce que les erreurs susceptibles de se produire sont souvent insignifiantes. Si l'on devait prendre le temps de soupeser chacune de nos pensées, on aurait du mal à faire quoi que ce soit. Lorsque la mémoire intelligente déclenche en nous une illumination, qu'il s'agisse d'une façon de repeindre notre maison, ou d'une idée créative, comme une nouvelle manière de mener notre recherche d'emploi, il n'est pas nécessaire d'y revenir. En elle-même, cette nouvelle perspective constitue déjà probablement un progrès par rapport à ce qu'on aurait spontanément fait. Mais si l'on dispose de temps et que les enjeux sont importants, ralentir sa réflexion peut s'avérer extrêmement payant.

La lecture, par exemple, est une activité qui peut tirer grand parti d'une réflexion ralentie. Cela ne concerne évidemment pas toutes les lectures – il n'y a pas de raison de s'attarder sur la rubrique des sports ou sur les romans à l'eau de rose – mais certaines méritent un soin particulier. Prenons par exemple le cas des notices d'instruction, que tout le monde se contente de survoler rapidement. Leur lecture attentive, en reproduisant toutes les étapes dans notre tête et en veillant à bien comprendre, permet de prévenir bien des problèmes.

Imaginons que vous participiez à un jeu télévisé, et que vous vous apprêtiez à jouer gros, la victoire vous assurant gloire et fortune. Vous lisez alors les instructions suivantes :

Ce jeu se pratique à deux. Chaque joueur reçoit une série de cartes numérotées de 0 à 9, qu'il empile face cachée devant lui. Chaque joueur retourne la première carte de son jeu. Si la somme des deux cartes retournées est égale à 10, on les retire de la table. Sinon, le joueur la remet dans son jeu qu'il mélange. Le vainqueur est celui qui n'a plus de cartes.

Cela paraît simple comme bonjour, mais une lecture attentive de la règle vous montrera qu'il est impossible de gagner. Associé à quelque carte que ce soit, le zéro ne pourra jamais totaliser 10, et ne sera donc jamais retiré du jeu. Il restera toujours au moins une carte sur la table, le zéro, et personne ne peut gagner avec ces règles. C'est un jeu sans fin[4].

La pensée rapide est signe d'intelligence, mais les penseurs subtils savent aussi quand il faut ralentir. Ils consacrent davantage de temps que les autres à leurs problèmes. Ils insistent beaucoup sur l'analyse et l'étude des solutions possibles. Des études ont révélé que, face à un problème donné, les enfants « doués » et les bons élèves du secondaire réfléchissent davantage que les autres. À la lecture de choses nouvelles, le bon élève prend plus de temps, pose des questions, et organise ses pensées à mesure qu'il lit. Les autres survolent le texte sans se laisser freiner par la complexité ou la nouveauté des informations.

Les penseurs plus posés, plus fins, prennent le temps de se souvenir de leur expérience de problèmes similaires et des solutions qui ont fonctionné. Dans leur réflexion, il se peut qu'ils restructurent le problème – en le décomposant et en analysant ses parties – pour y puiser une nouvelle perspective. Ils fouillent constamment leur mémoire à la recherche d'informations utiles.

Ne pas s'attendre à l'infaillibilité

Votre mémoire intelligente n'est pas infaillible – personne ne l'est. Nombreux pourtant sont ceux qui croient leurs idées et leur logique invulnérables.

Il arrive à tout le monde de se faire une idée déformée de ses propres processus mentaux. On se croit volontiers plus perspicace, plus juste, plus logique que le voisin. Les psychologues de l'adolescence et de l'âge adulte ont souvent rencontré ce genre de certitude, que ce soit chez un groupe d'élèves moyens se considérant au-dessus du lot en matière d'initiative, de sociabilité et d'aptitudes rédactionnelles, ou chez un groupe ordinaire d'hommes d'affaires s'estimant au-dessus de la moyenne des hommes d'affaires[5]. Bien des footballeurs pensent posséder un meilleur « sens du ballon » que les autres. Dans une étude sur l'idée que se font les gens de leurs propres revenus, 19 pour cent des Américains ont cru se situer dans le 1 pour cent supérieur du pays. Au moins 95 pour cent de ce groupe se trompaient forcément, et il n'est pas dit que les 5 pour cent restants aient eu raison[6].

Les gens se croient même dotés d'un meilleur sens de l'humour. On a soumis à des étudiants des histoires dont l'humour avait été évalué par des comiques professionnels. Après avoir attribué une note à chaque blague, la plupart des étudiants ont généreusement évalué leur propre capacité à distinguer ce qui est drôle de ce qui ne l'est pas. Ceux qui n'avaient pas trouvé les histoires très drôles estimaient leur jugement supérieur à la moyenne.

Comme souvent dans les tests de justesse, ceux qui ont vu le plus juste n'en ont pas eu conscience. Une des choses qui rend les gens intelligents, c'est précisément qu'ils sont moins certains de l'être, ce qui les incite à vérifier leurs réponses plutôt deux fois qu'une.

Les risques d'une réflexion précipitée

Pour peu qu'on la pousse trop, la mémoire intelligente peut en venir à suffoquer, phénomène bien connu dans le sport. À Wimbledon, Jana Novotna menait largement dans le set décisif quand elle s'est mise à craindre la défaite, ce qui lui a donné une telle conscience d'elle-même qu'elle en a perdu ses moyens, au point de se mettre à jouer comme une débutante. Et elle a perdu la partie[7]. La première cause d'étouffement – que ce soit dans le sport ou ailleurs – semble être une interférence de l'attention consciente dans le flux bien huilé et automatique de la mémoire intelligente.

Le risque d'étouffement survient dès que l'enjeu est important – en public, en compétition, lorsqu'une récompense ou l'ego sont en jeu. Cela peut frapper au moment où l'on est sous les feux pour accomplir notre tâche, comme le concertiste, ou l'employé dont le patron attend une réponse rapide. Mais cela peut aussi survenir en faisant des mots croisés, en assistant un enfant dans ses devoirs, et même au volant, dans certaines situations tendues. On peut manquer d'air en s'apercevant qu'on a commis une erreur qu'on a soudain peur de reproduire. Lorsque cette peur nous envahit, nous devenons si conscients de chacun de nos actes que toute expérience acquise, tout savoir-faire s'évanouissent.

Paradoxalement, la solution consiste à accepter l'erreur, comme le font les acteurs. Si vous loupez une réplique, n'y songez plus et passez à la suivante. Les athlètes s'en prémunissent en exprimant leurs craintes et leurs angoisses. Face à un problème, il suffit d'admettre le risque dès le départ. Les erreurs se produisent. Elles sont même nécessaires à tout progrès. Alors acceptez-le, et passez à la suite.

Quand la mauvaise route mène à bon port

Parfois, nous ne devons pas la bonne solution à nos connexions ou à notre traitement de la mémoire, mais au hasard. L'investisseur qui a acheté et revendu l'équipementier Qualcomm l'année précise où l'entreprise a connu une croissance de mille pour cent se doute bien de ce qu'il doit à la chance. Votre climatiseur ne s'est-il pas miraculeusement remis en route quand vous avez tourné la molette ? Votre rhume n'est-il pas passé après que vous avez pris de la vitamine C, ce qui vous a d'ailleurs conduit à ne plus jurer que par elle ? N'avez-vous pas connu une mésaventure alors que vous étiez garé dans cette rue, que vous évitez à présent quand vous avez quelque chose d'important à faire ? Nous devons veiller à ne pas attribuer chaque bonne solution ou chaque événement heureux à notre mémoire intelligente. Ils ne sont souvent que le fruit du hasard.

On peut tirer une mauvaise interprétation d'un bon résultat en confondant corrélation et cause – lorsqu'on croit que la simultanéité de deux événements leur confère une relation de cause à effet. Nous produisons sans cesse de fausses connexions. Il pleut, il y a un accident sur le périphérique, nous supposons qu'il est dû à la pluie. Nous n'avons pas eu d'augmentation, mais un nouveau dirigeant vient d'être embauché, et nous supposons que le nouveau a reçu notre part. Juste après un long voyage en avion, nous attrapons froid, c'est sans doute à cause de l'air vicié et de la foule dans l'avion. Les scientifiques sont particulièrement attentifs à ces risques de confusion. Ils s'interdisent par exemple de déduire trop hâtivement que la réaction de leurs sujets est due à la prise du médicament qu'ils testent.

La mémoire intelligente peut aussi déraper en apportant une solution fondée sur une expérience limitée ou en accordant trop de poids au savoir et au vécu personnels. Il est naturel d'ignorer l'information ne provenant pas de notre propre expérience. Mais cette limitation peut influencer notre mémoire intelligente, et l'amener à tenir pour vraies certaines choses au sujet desquelles elle ne possède pas tous les éléments, notamment ceux qui en démontrent la fausseté. Il est ainsi difficile de convaincre un enfant de porter un casque en vélo ou un adolescent de ne pas fumer. Rien n'est jamais arrivé dans leur entourage à ceux qui contrevenaient à ces règles ; alors, dans leur esprit, ça ne peut pas se produire.

J'ai eu moi-même l'occasion de servir en tant qu'interne dans le service de cancérologie d'un hôpital. L'un des employés du pavillon, un gros fumeur, refusait ne serait-ce que de jeter un œil dans les chambres. Tant qu'il ne le constatait pas *de visu*, sa conscience intellectuelle que le tabac est la première cause de cancer ne pesait pas trop lourdement dans sa mémoire intelligente. Il savait bien que voir les mourants le mettrait aux prises avec une conscience bien plus redoutable. Évidemment, sa mémoire intelligente n'avait pas totalement tort, puisque tous les fumeurs n'ont pas systématiquement le cancer. Mais il évitait délibérément de charger cette certitude intellectuelle de valeur émotionnelle. Aussi mince soit-elle, une éventualité peut être terrifiante à regarder en face.

Vraisemblance et probabilités

Vous jouez à la roulette au casino. La roue comporte 18 cases rouges, 18 noires et 2 vertes. Vous avez décidé de miser sur le rouge et, après dix parties, la bille n'y est encore jamais tombée. Quelles sont les chances qu'elle le fasse à la onzième ?

En fait, les chances sont exactement les mêmes à chaque tirage, déterminées par la proportion des cases rouges, noires et vertes. Les chances que la bille tombe sur le rouge ou le noir sont de 18 sur 38, soit un peu moins de 50 pour cent (c'est pourquoi la maison est globalement toujours gagnante). Cette probabilité ne varie pas selon le nombre de parties ou la récurrence d'une couleur donnée. Les gens se laissent pourtant toujours égarer par des événements parfaitement fortuits.

Mettons votre sens des probabilités à l'épreuve :

Quarante personnes sont dans une pièce. Quelles sont les probabilités que deux d'entre elles partagent la même date d'anniversaire ?

Il y a 90 pour cent de chances de trouver deux personnes du même jour dans un groupe de quarante. Ce fort pourcentage se doit au grand nombre de réponses possibles. On cite souvent cet exemple pour illustrer à quel point les statistiques peuvent parfois contredire l'intuition. Le nombre de chances est ici démultiplié par le fait que n'importe quelle date peut faire l'affaire[8].

Notre esprit n'est pas naturellement bâti pour tenir compte du hasard ou des probabilités. En lui inculquant l'omniprésence du hasard et le vrai fonctionnement des probabilités, on dote notre mémoire intelligente d'un outil adapté à une foule de situations de la vie moderne.

Le mauvais raisonnement habituel en matière de probabilités consiste à croire que le hasard obéit à un schéma ou à une logique. Ce qu'on appelle parfois l'illusion du joueur suppose que les événements relevant du hasard ne le sont pas vraiment, qu'ils suivent une règle. Si, après avoir obtenu pile dix fois, vous pensez avoir davantage de chances que la pièce tombe sur face la onzième, c'est que vous êtes sous l'influence de cette illusion. Comme l'est le couple qui, après avoir eu cinq fils, décide de faire un sixième enfant en croyant avoir plus de chances d'avoir une fille. Si le hasard obéit à des règles, ce sont précisément celles du hasard. Les joueurs conscients de cela sont ceux qui gagnent vraiment de l'argent (mis à part ceux qui en gagnent en s'abstenant de jouer).

Nous évaluons mal les risques parce que nous laissons nos peurs influencer notre entendement. On craint de se baigner dans l'eau d'une plage tropicale alors qu'on a quinze fois plus de chances d'être tué par la chute d'une noix de coco que par un requin[9]. En Afrique, le risque est plus grand de mourir tué par les hippopotames que par les lions. On trouve dans le bifteck haché qu'on se fait soi-même bien plus de substances cancérigènes qu'on n'en accepterait dans un produit pris en rayon.

Vérifier les conclusions

Êtes-vous du genre à éprouver vos propres conclusions ?

Un homme persuadé d'être un mort vivant se rend chez le psychiatre. Pour le convaincre du contraire, ce dernier lui dit : « Vous marchez, vous parlez, n'est-ce pas ? » L'homme répond : « Les morts vivants marchent et parlent aussi. » Le médecin ajoute : « Vous respirez. » L'homme répond : « Les morts vivants en font autant. » Le psychiatre réfléchit, puis il demande : « Les morts vivants saignent-ils ? » L'homme répond catégoriquement que non. Et le docteur dit : « Alors, pour vous prouver que vous vous trompez, je vais vous piquer avec cette aiguille. » Il plante l'aiguille et, à la grande surprise du patient, une goutte de sang apparaît. Se tournant vers le médecin, il lui dit : « C'est donc que je me trompais – les morts vivants saignent[10]. »

Nous avons naturellement tendance à relever les indices qui confortent nos premières conclusions. Ce penchant pour la confirmation se glisse insidieusement dans notre raisonnement : on pose des questions tendancieuses au moment de la récolte d'informations ; on accorde davantage de poids aux arguments soutenant les nôtres ; on dédaigne les faits qui contredisent ou semblent contredire ce qu'on sait ; et on ne retient que les exemples ou les circonstances qui renforcent nos convictions.

Dans certains cas, la vérification se fait naturellement parce qu'on a un retour immédiat quant à la valeur de notre action. C'est par exemple la fonction du score ou du chrono dans la plupart des sports. Mais il se peut que la résolution de problèmes, à la façon des activités créatives comme l'écriture ou la danse, ne possède aucun élément de mesure objective. Et que les gens n'aient aucune envie de nous livrer un retour honnête.

Nous devons donc chercher à alimenter notre réflexion d'un peu de ce retour. Il faut procéder à la façon de ces habiles penseurs qui tentent délibérément de réfuter leurs propres conclusions. S'ils y parviennent, c'est qu'elles étaient fausses. Sinon, ils peuvent s'y fier un petit peu plus. Apprendre à défendre les points de vue opposés d'un débat constitue un bon exercice pour ce type de réflexion. À la parution de son autobiographie, l'écrivain Martin Gardner en a lui-même publié une critique sous un pseudonyme. C'était en partie par plaisanterie, mais c'est un bel exercice pour un penseur professionnel que d'appréhender les deux versants d'un sujet, fût-ce de son autobiographie[11].

Rien n'aurait persuadé l'homme qui se prenait pour un mort vivant qu'il n'en était pas. C'est son aspect délirant – aucune preuve ne lui fera changer d'avis. Mais nous souffrons tous d'illusions qui n'ont de différent que le degré.

Dans une ville de l'Iowa, un homme a fait effraction dans l'appartement d'une jeune femme de vingt et un ans. Flairant une opportunité, il a réveillé la femme et lui a poliment demandé si elle voulait faire l'amour. Elle a refusé, alors il l'a invitée à dîner. Elle a encore refusé. Pour se débarrasser de lui, elle lui a donné son numéro de téléphone et admis le principe d'un rendez-vous. C'est en s'y présentant que l'homme a été arrêté. À son procès, son avocat lui a demandé : « Vous pensiez vraiment qu'elle aurait envie de vous revoir ? » Et l'homme de répondre : « Je n'étais sûr de rien. C'est pour ça que je suis venu[12]. »

À l'écoute du bon sens

Parfois, la solution directe – celle du bon sens – vaut mieux qu'une autre plus détournée, plus fine et sophistiquée. Mon père disait toujours que certaines personnes sont tellement intelligentes qu'elles en deviennent idiotes face aux choses ordinaires. En voici une bonne illustration :

Quand il opère seul, Paul est capable de tondre la pelouse de ses parents en deux heures. Son frère Louis met quatre heures. S'ils travaillent ensemble, quel temps approximatif cela leur prendra-t-il ?

4 heures
3 heures
2 heures
1 heure

Si vous avez répondu trois heures, réfléchissez encore. Vous avez fait la moyenne, mais pourquoi deux garçons travaillant ensemble mettraient-ils plus de temps qu'un seul ? À deux, il doivent bien être en mesure de le faire plus vite que le plus rapide des deux. La bonne réponse, parmi celles qui vous sont proposées, est donc une heure[13].

Seulement, dans la vraie vie, cela ne prendra peut-être pas vraiment une heure. C'est là qu'intervient le bon sens. Et si la famille ne possède qu'une tondeuse ? Et si deux personnes travaillant ensemble font trop de bruit ? Et si Paul et Louis ne s'entendent pas bien ? Et s'ils se gênent l'un l'autre ? S'il est vrai que le nombre de bras allège la corvée, l'expérience nous apprend vite qu'il ralentit parfois les choses, au point parfois de les compromettre. Un seul mécanicien répare votre voiture, et il n'est pas dit que dix le feraient plus vite. Beaucoup d'hommes et de femmes d'affaires l'ont constaté : assigner davantage de gens à une tâche n'est pas forcément productif.

Le test infaillible pour révéler si l'on a fait preuve de bon sens consiste à réfléchir à l'application concrète d'une idée ou d'une solution. Imaginez-vous (vous, ou d'autres) en train de mettre votre solution en application ou d'agir selon votre idée, et voyez si elle tient toujours. On peut aussi réfléchir aux conséquences. Des idées apparemment sûres peuvent produire des conséquences indésirables, voire désastreuses. Un homme qui voulait nettoyer la cage de son oiseau est monté sur une chaise dans son appartement du vingt-troisième étage à Toronto. Mais il a choisi une chaise à roulettes. Qui a roulé jusqu'à la balustrade et l'a précipité dans le vide[14].

Repenser un problème

La mémoire intelligente cherche parfois à embrasser d'un coup l'ensemble d'un problème ou à trouver une solution radicale. Mais la meilleure solution peut passer par une reconsidération du problème ou par son morcellement en sous-parties plus faciles à résoudre.

Il est deux heures du matin et le téléphone sonne.

« Je voudrais commander une grande pizza avec des anchois », dit une voix.

« Désolé, dites-vous, vous avez fait un faux numéro », et vous raccrochez.

Trois minutes plus tard, le téléphone sonne à nouveau. La même voix : « Je voudrais commander une pizza aux anchois… » Vous interrompez la personne : « Ce n'est pas une pizzeria », et vous raccrochez. Quelques minutes s'écoulent, et le téléphone sonne encore. À peine avez-vous entendu : « Je suis bien à la pizzeria Roma ? » que vous raccrochez brutalement en vous demandant si vous allez pouvoir retrouver le sommeil.

Le problème est simple mais sa « solution » n'a fonctionné que quelques minutes. Le vrai problème – la personne ne composait pas le mauvais numéro, elle croyait que le vôtre était celui d'une pizzeria – n'a pas été identifié. Lui dire qu'elle avait fait un faux numéro n'a rien résolu[15].

Le meilleur moyen d'isoler un problème est de s'interroger. Qu'a-t-on exactement résolu ou amélioré ? Est-il possible de décomposer le problème en sous-problèmes, dont chacun aurait son propre remède ? L'un de ces sous-problèmes présente-t-il une faille ? En a-t-on créé ou résolu d'autres ? Dispose-t-on de suffisamment d'informations ou de connaissances pour répondre ? En règle générale, deux petits problèmes sont plus faciles à résoudre qu'un gros.

Voici un bon exemple de cela. Récemment divorcé, un homme voudrait voir ses enfants plus souvent que le week-end, mais c'est son ex-femme qui en a la garde. Le problème comporte beaucoup d'éléments, de multiples fragments : la relation de l'homme avec son ex-femme ; les raisons qui ont fait que l'homme n'a pas la garde des enfants ; les rapports des enfants avec la mère et avec le père ; et toute la logistique inhérente aux visites en semaine. Il sera plus facile au père de décomposer son problème en parties. Il peut alors découvrir, par exemple, que les objections de son ex-femme tiennent à des questions dont la solution est simple, comme le fait qu'il n'ait pas énoncé de projet précis concernant le temps qu'il passerait avec les enfants[16].

Certains problèmes apparemment monolithiques peuvent quand même être morcelés. Comme celui-ci :

Vous conduisez seul la nuit sur une longue portion d'autoroute peu fréquentée. Soudain, un drôle de bruit se fait entendre, vous sentez votre véhicule se déporter et vous vous rangez sur le côté. C'est une crevaison, et vous ne disposez d'aucun moyen de trouver de l'aide, alors vous prenez la roue de secours et le cric dans le coffre et entreprenez de changer la roue. Vous n'avez pour toute lumière qu'une lune embrumée et une minuscule lampe d'urgence. Vous défaites soigneusement les boulons, que vous rangez dans l'enjoliveur. Mais une voiture passe en trombe et fait valser l'enjoliveur et les boulons. Vous voilà donc dans le noir, au milieu de nulle part, avec un pneu crevé, sans aucun moyen de retrouver les boulons, et donc de fixer la roue de secours. Pour couronner le tout, il se met à pleuvoir. Que faire ?

Le problème principal semble être la crevaison, mais il y en a un autre : le fait d'être en plan. La solution dépend donc du problème que vous estimez le plus urgent. Contre le sentiment d'isolement, quelques possibilités s'offrent à vous : faire de l'auto-stop jusqu'à une station-service, attendre qu'un automobiliste s'arrête pour vous prêter secours, ou rouler sur la jante jusqu'à la prochaine station-service, malgré les dégâts que cela causera.

Si vous estimez que la crevaison est plus urgente, il faut chercher un moyen de fixer la roue de secours. En fragmentant ce problème, vous en arrivez à la question des boulons, et une solution apparaît alors. Retirer un boulon aux trois roues intactes vous permet d'en laisser au moins trois à chacune et d'en récupérer trois pour la roue de secours. De quoi tenir jusqu'à trouver de l'aide[17].

On peut encore isoler un problème en partant de sa solution. Réfléchir à la solution envisagée pour l'éprouver. Fonctionne-t-elle vraiment ? Ne fait-elle que repousser le problème ? Répond-elle à l'objectif initial ? Résout-elle le bon problème ?

Voici les solutions qu'ont émises des entrepreneurs en quête de capital risque. Sauriez-vous en suggérer d'autres ?

Il s'agissait de protéger les maisons de l'Ouest des feux de forêt. La solution envisagée était de recouvrir toute la maison d'une toile ignifugée.
Il s'agissait de transmettre les derniers mots et les messages d'adieu d'une personne défunte. La solution envisagée était une tombe parlante – le message serait enregistré et stocké dans une puce numérique intégrée à la pierre tombale.

Ces propositions n'étaient pas vraiment mauvaises (bien qu'aucune n'ait trouvé de financement). Mais on pouvait trouver mieux, comme encercler la maison d'une tranchée coupe-feu, ou mettre un enregistrement des derniers mots du défunt à la disposition de ses proches[18].

Nous vous avons donné un aperçu des erreurs mentales qui peuvent pousser votre mémoire intelligente au dysfonctionnement. Comprendre que celle-ci est susceptible de faux pas ou de vous mettre sur la mauvaise voie vous incitera à vérifier toutes les solutions et conclusions qu'elle vous apporte, ce qui vous permettra de rectifier vos erreurs mentales avant qu'elles ne s'enracinent dans votre esprit.

EXERCICES

Reliez tous les points par quatre lignes droites sans jamais lever votre crayon.

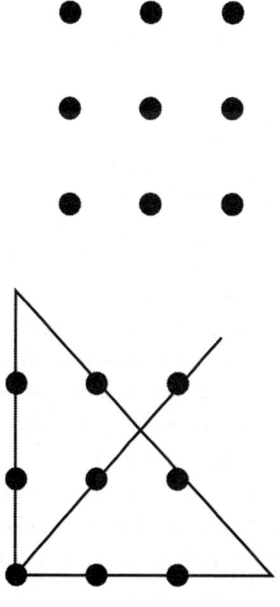

Explication : Comme vous pouvez le constater, la solution vous obligeait à sortir du cadre imaginaire, à faire céder vos barrières et vos rigidités mentales[19].

Au poker, laquelle de ces mains a le plus de chances d'être distribuée ?
> As de cœur, roi de cœur, reine de cœur, valet de cœur, dix de cœur,
> ou
> As de pique, sept de trèfle, six de trèfle, reine de carreau et deux de pique.

Explication : Aucune des deux. La distribution des cartes relevant du hasard, les chances d'obtenir une quinte royale sont égales à celles de ne rien obtenir du tout.

Dans chaque couple ci-dessous, quel événement a le plus de chances d'être la cause de la mort de quelqu'un ?
> Asthme – tornade
> Mauvais rhume – syphilis
> Inondation – homicide
> Intoxication aux vitamines – foudre
> Diabète – suicide

Explication : Les chiffres avancés ci-dessous concernent la mortalité pour 100 000 cas ; ceux en gras sont les plus probables. Cela correspond-il à vos attentes ?
> **Asthme, 920.** Tornade, 44.
> Mauvais rhume, 163. **Syphilis, 200.**
> Inondation, 100. **Homicide, 9 200.**
> Intoxication aux vitamines, 5. **Foudre, 52.**
> **Diabète, 19 000.** Suicide, 12 000.

Si vous avez mal évalué certains de ces risques, c'est peut-être que votre pensée a subi l'influence d'informations erronées. La profusion de récits d'événements inhabituels, comme les tornades, peut conduire notre mémoire intelligente à les croire plus fréquents qu'ils ne le sont[20].

Une ville est desservie par deux hôpitaux. Dans le plus grand, environ 45 bébés naissent chaque jour. L'autre, le plus petit, ne compte que 15 naissances quotidiennes. Chacun le sait, les chances de voir naître un garçon ou une fille sont de 50-50, mais cet équilibre varie selon les jours. Parfois on compte plus de filles, parfois c'est le contraire. Les deux hôpitaux ont déclaré que sur l'année entière, plus de soixante jours sur cent voient naître davantage de filles que de garçons. Selon vous, toujours sur cette période, quel hôpital a enregistré davantage de journées à prédominance féminine au-delà des 60 pour cent, le grand ou le petit ?

Explication : Le petit. Avec moins de naissances, il a plus de chances de contredire la moyenne. L'autre, avec davantage de naissances chaque jour, ne connaîtra qu'une moindre variation quotidienne. On trouve ici la raison de nombreuses phobies liées à la santé. Si deux personnes d'une petite ville souffrent du même type rare de cancer, cela peut n'obéir qu'à une fluctuation statistique, à une coïncidence, et n'est pas forcément lié à la présence de poison dans l'eau[21].

Vous suivez une cure amincissante, et il y a du fromage blanc au déjeuner. Votre diète vous autorise les trois quarts des deux tiers d'un pot de fromage blanc.

Trouvez un moyen mathématique de déterminer ce que cela signifie et une méthode pour le doser.

Réponse mathématique : 3/4 × 2/3 = 6/12 = 1/2 pot

Ou

Réponse pratique : Constituez un monticule des deux tiers d'un pot de fromage blanc, divisez-le en quatre, retirez-en un quart et mangez le reste[22].

Qu'est-ce qui ne va pas dans cette photo ?

(TBWA/ESPAÑA)

Explication : Pas grand-chose, mais votre mémoire intelligente a peut-être commis l'erreur de voir un lion chassant un zèbre. Cette photo contredit nos attentes sur qui doit chasser qui[23].

11

Conseils d'usage de la mémoire intelligente

À présent que vous savez tout de la mémoire intelligente – ce qu'elle est et ce qu'elle fait – vous vous demandez peut-être comment l'intégrer dans votre vie quotidienne. C'est extrêmement simple – nous le faisons tous les jours sans nous en rendre compte. Nous réfléchissons déjà de façon si rapide et instinctive que nous n'avons pas conscience de tous les souvenirs et processus impliqués dans le jaillissement d'une bonne idée.

Pour vous aider à atteler votre mémoire intelligente au travail, voici ce que certains en ont fait à la maison, au travail et dans les loisirs. Chaque fois, ces gens ont pioché des éléments de leur mémoire, fabriqué de nouvelles connexions et appliqué un assemblage unique de différents processus de pensée, comme l'attention accrue ou l'extension du bloc-notes de mémoire, pour aboutir à une solution astucieuse.

Pour le meilleur usage de votre mémoire intelligente dans les situations quotidiennes, il faut envisager les choses et leur réalisation un peu différemment qu'à l'accoutumée. Cela passe par l'emploi d'une ou plusieurs stratégies – attention accrue, fabrication de connexions, recherche d'une meilleure solution au-delà de la première, fragmentation d'un problème en plus petits morceaux, double vérification des intuitions ou approche de la solution à petits pas. Ces schémas de réflexion constituent l'allumage du moteur de la mémoire intelligente – ils la mettent en route.

Comme vous le constaterez, chacun emploie sa mémoire intelligente à sa façon, selon ses capacités personnelles et la situation en présence. La vôtre dépend de vos souvenirs, et des connexions et processus mentaux déjà présents en vous. Certains se montreront d'emblée très doués pour relever les analogies, d'autres seront plus portés sur la recherche des défauts ou de la partialité d'un raisonnement. D'autres encore n'auront aucun mal à vérifier leurs résultats. Pour chacun, la route d'une meilleure mémoire intelligente passe par une plus grande fermeté quant à ses propres points faibles.

La première chose à faire consiste à marquer un temps de réflexion. Avant de se lancer dans l'application d'une idée ou d'une solution, il faut prendre le temps de la réexaminer ; envisager d'autres possibilités ; vérifier le raisonnement et les idées qui y ont mené ; et s'assurer du résultat. Tout cela devient indispensable aussitôt qu'il s'agit d'une tâche qui compte pour vous, qu'elle soit capitale, comme la gestion du budget familial, ou moins, comme trouver une façon d'empêcher votre chat de griffer les meubles. Cette simple démarche – tout arrêter pour réfléchir – mettra votre mémoire intelligente en route.

À la maison

Une adolescente qui a trop d'amis

À l'approche des grandes vacances, Rachel, la fille de Caroline, se trouvait dans l'embarras. Tous ses amis – plus d'une trentaine au total – échangeaient des cadeaux de fin d'année, mais elle ne voyait pas comment en faire autant. Beaucoup d'entre eux, issus de familles aisées, disposaient de bien plus d'argent de poche, et même, leurs parents pouvaient participer à l'achat de cadeaux. Elle avait beau régulièrement gagner quelques sous en faisant du baby-sitting ou divers petits travaux, cela ne suffisait pas à faire un cadeau à tout le monde. Caroline et son mari n'étaient pas pauvres, mais ils n'étaient certainement pas en mesure de financer l'opération.

Caroline a commencé par isoler le problème, avant de le fragmenter en petits morceaux qu'elle a redéfinis. Elle s'est demandé s'il était vraiment nécessaire que Rachel fasse un cadeau à chacun. Redéfinissant la notion de « cadeau », elle a soumis à sa fille l'idée d'un cadeau collectif, comme une fête. Elle a ensuite procédé à quelques calculs, car, malgré ses finances modestes, Rachel pourrait peut-être offrir à chacun un cadeau bon marché, néanmoins personnalisé. Elle a aussi songé aux cadeaux faits maison. Rachel ne pourrait-elle pas mitonner des petits gâteaux ou des friandises pour ses amis ?

Rachel a rejeté toutes ces idées, qu'elle trouvait tour à tour trop peu pratiques ou peu appropriées. Il fallait donc en imaginer d'autres. Caroline est alors revenue à l'un des éléments du problème : l'argent. Elle s'est demandé comment sa fille pourrait gagner de quoi acheter trente cadeaux. Partant de la base d'un minimum de vingt euros par présent, mère et fille se sont vite aperçues que cette solution était hors de portée. Puisqu'on ne pouvait décidément pas acheter les cadeaux, Caroline en a conclu que Rachel devrait les fabriquer. Elle n'était pas portée sur la cuisine, mais il y avait peut-être autre chose à faire.

Caroline a parcouru du regard la chambre de sa fille, à la recherche d'une idée. Ensemble, elles ont produit et rejeté beaucoup de possibilités : coussins brodés, dessins, petits carillons, bougies… C'est en posant les yeux sur l'ordinateur de sa fille qui émettait de la musique, et notamment sur le graveur intégré, que Caroline a eu une idée. Rachel connaissait bien les penchants musicaux de ses amis, et elle disposait d'un accès légal au téléchargement de musique sur Internet. Elle a donc décidé d'offrir à chacun une sélection à son goût. Le coût de l'opération était abordable, c'était celui d'un CD vierge. Et la solution avait l'avantage de permettre à Rachel de personnaliser chaque CD. L'idée lui paraissant satisfaisante, Rachel s'y est aussitôt attelée. La mémoire intelligente de Caroline l'avait incitée à se poser le problème différemment pour chercher au-delà de la solution évidente, mais impossible – acheter plus de trente cadeaux. La prochaine fois, Rachel résoudrait son problème avec sa propre mémoire intelligente.

Un bricolage inspiré

Véritable expert en matière de créativité, le professeur Robert Weisberg a un jour eu besoin d'une solution immédiate. Il roulait sur l'autoroute lorsque ses freins ont commencé à donner des signes de faiblesse, ne répondant que s'il pressait la pédale à fond. On était loin du moindre garage et le professeur Weisberg ne connaissait pas grand-chose à la mécanique, mais il était heureusement rompu à la résolution de problèmes.

À peine avait-il soulevé le capot qu'il remarquait que le maître-cylindre présentait une blancheur étincelante et émettait un sifflement. Ce sifflement s'arrêtait aussitôt qu'il y posait la main, qui était aspirée par succion. Le problème se posait donc comme suit : où trouver quelque chose d'assez petit et résistant pour boucher le trou ? Une boulette de papier n'aurait pas tenu, il n'y avait apparemment pas de petit objet métallique disponible, et encore moins de quoi en fabriquer un. Mais en mettant sa main à la poche, il a senti des pièces de monnaie, et la connexion s'est aussitôt faite. Les pièces de monnaie sont constituées d'un métal solide, et certaines ont une taille convenant à la situation. La solution était donc idéale, dans l'attente d'une réparation définitive[1].

Préservation d'un souvenir sentimental

Le renforcement des mesures de sécurité à travers le pays a beau nous rassurer, il peut aussi causer certains inconvénients. Kate, une automobiliste de Washington, n'a pas souhaité y laisser sacrifier un souvenir sentimental.

Dans l'obligation de renouveler son permis de conduire, Kate a pris le métro jusqu'aux bureaux de l'organisme officiel correspondant. À l'entrée du bâtiment, elle a subi les contrôles d'usage : des agents ont fouillé son sac et l'ont fait passer sous un détecteur de métaux. Dans son sac, ils ont trouvé le petit canif dont elle ne se séparait jamais. L'agent de sécurité l'a informée qu'elle ne pouvait pas l'emmener à l'intérieur. Comme elle demandait s'il pouvait le lui conserver jusqu'à son retour, le garde a secoué la tête en indiquant la sortie.

Kate était désemparée. Elle tenait ce canif d'un vieil ami et n'avait aucune intention de s'en défaire. Sur les marches du bâtiment officiel, elle a parcouru la rue du regard, cherchant que faire de son canif. La solution la plus évidente – jeter le canif à la poubelle – était exclue. Après avoir passé quelques minutes à espérer rencontrer une connaissance qui pourrait le lui garder un moment, elle a envisagé de le cacher dans les fourrés voisins, pour aussitôt se dire que quelqu'un pourrait la voir ou, pis, trouver son comportement étrange et appeler un garde. Peut-être parviendrait-elle à persuader un inconnu de le lui garder ? Le marchand de hot dogs pourrait peut-être se laisser convaincre, si elle lui achetait une bouteille d'eau. Mais la solution ne lui plaisait qu'à moitié.

Elle a continué à chercher. Son objectif étant de conserver son canif, il lui fallait trouver un abri sûr dans les environs. Elle a réfléchi aux caractéristiques que devrait présenter cet abri – hors de la vue, de préférence fermé, pratique, et pas trop coûteux, voire gratuit. Ses yeux sont alors tombés sur un distributeur automatique de journaux et une connexion s'est faite. Cacher le canif sous la pile de journaux. Elle a rapidement procédé à une vérification de sa solution. Le distributeur était bien fermé. Si jamais quelqu'un l'ouvrait, ce serait pour s'emparer de l'exemplaire du dessus. Le stock n'aurait pas le temps de s'écouler pendant ses démarches administratives. Elle a donc inséré une pièce dans l'appareil, retiré une copie du journal, et discrètement glissé son canif entre deux exemplaires du bas de la pile. Deux heures plus tard, son nouveau permis en poche, elle a inséré une nouvelle pièce dans le distributeur et récupéré son canif.

Connaître le fonctionnement de la mémoire intelligente peut permettre de mieux évaluer les risques attenants d'une importante décision médicale. Pendant que certaines parties de notre mémoire intelligente cherchent tout de suite à passer aux conclusions, d'autres sont en mesure de nous apporter des réponses plus réfléchies, et généralement plus judicieuses. Du bon choix peut parfois dépendre la vie ou la mort.

À l'occasion d'un examen de routine, Beth, une femme de trente-neuf ans, a appris qu'elle avait une petite boule au sein. Le médecin lui a dit qu'au regard de son âge et de son passé médical, il y avait 5 pour cent de chances qu'il s'agisse d'une tumeur cancéreuse, soit une sur vingt. Il lui a donc conseillé de faire une mammographie. Beth lui a demandé ce qu'il faudrait conclure si celle-ci s'avérait anormale, et s'il était possible que la mammographie ne décèle pas un cancer pourtant bien présent.

Le médecin lui a dit que sur cent femmes réellement atteintes de cancer, la mammographie en décelait quatre-vingts. C'est-à-dire que le procédé permet de les trouver le plus souvent, mais pas toujours. En outre, il peut aussi se tromper. Dans 20 pour cent des cas, la mammographie est positive malgré l'absence de tumeur.

La mammographie de Beth s'est avérée positive. Elle en est ressortie effondrée, persuadée du pire. Un ami, moins directement impliqué, lui a livré une meilleure interprétation des statistiques.

Pour bien la convaincre, il a pris l'exemple suivant : mettons que cent femmes, comme elle, ont subi un examen de la poitrine anormal. Le vingtième de ces femmes a réellement un cancer, soit 5 sur 100. Si ces cinq femmes passaient une mammographie, on pourrait s'attendre à ce que quatre d'entre elles s'avèrent positives et une négative.

Mais sur les cent femmes dont le premier examen s'est avéré anormal, quatre-vingt-quinze n'ont pas de cancer. Selon la marge d'erreur du procédé, dix-neuf d'entre elles seraient malgré tout positives à la mammographie.

Ainsi, selon les éléments en présence, les chances que Beth ait vraiment le cancer étaient d'environ 17 pour cent, bien moins que ce qu'elle imaginait. Elle avait été abusée par le fait que vingt-trois femmes du premier groupe avaient passé une mammographie positive (4 + 19), mais seules quatre d'entre elles avaient vraiment le cancer. Au regard des examens que Beth avait subis jusque-là, ses chances d'être atteinte étaient en fait de 4 sur 23, soit 17 pour cent. Malgré la boule qu'elle avait au sein et la mammographie anormale, ses chances de ne pas l'être restaient donc supérieures à 80 pour cent.

En l'absence d'une mémoire intelligente bien huilée, les probabilités sont trompeuses, parce qu'elles contredisent très souvent l'intuition. Notre époque de miracles médicaux étant aussi celle des probabilités, il est fondamental de bien comprendre ce que signifie un examen médical anormal et saisir les réelles probabilités en jeu, avant de juger si elles sont favorables ou pas. Il faut aussi garder à l'esprit qu'une probabilité n'est jamais une certitude mais une possibilité[2].

Repasser l'examen ?

Judith, une élève de terminale, était heureuse. Le résultat de son examen d'entrée aux grandes écoles dépassait de loin ses propres attentes comme celles de ses professeurs. Elle se situait dans la tranche des

95 pour cent de bonnes réponses, alors qu'à sa précédente tentative, elle n'avait atteint que celle des 85 pour cent. Ravi, le père de Judith n'a pas manqué de lui rappeler qu'il n'avait jamais douté qu'elle s'en sortirait haut la main. Ne considérant pas son résultat comme une anomalie mais plutôt l'indication de ses réelles aptitudes, il lui a proposé de le tenter à nouveau. Puisqu'elle surfait sur une bonne vague, elle avait des chances de faire encore mieux.

Judith était partagée : elle n'aurait pas refusé une meilleure note, mais si son dernier résultat relevait du hasard, elle risquait cette fois de faire moins bien. Voilà typiquement le genre de situation où une mémoire intelligente rompue aux statistiques peut apporter la meilleure réponse.

Cette fois, c'est venu de son petit frère, incollable en statistiques et en probabilités du base-ball. Il évoquait son joueur préféré, qui réalisait une saison remarquable, pulvérisant ses propres records, ce qui lui valait une foule d'alléchantes propositions de contrat. Le petit frère a émis ce commentaire : « Il ferait mieux d'empocher l'argent maintenant, parce qu'il ne refera jamais une saison de cette trempe. »

Judith lui a demandé pourquoi. « C'est la loi des moyennes, dit le frère. Ces cinq dernières années, il s'est situé nettement au-dessous, et c'est sans doute ce qui l'attend l'an prochain. »

Judith a compris que le résultat qu'elle avait obtenu pouvait bien correspondre à la saison exceptionnelle de ce joueur de base-ball. Ses propres statistiques l'avaient placée à 85 pour cent puis à 95 pour cent. Malgré tout son désir de se croire capable de mieux, ses véritables capacités se situaient probablement quelque part entre 85 et 95 pour cent, et le résultat d'une nouvelle tentative risquait fort de fidèlement le refléter.

Au travail

Gérer une épicerie

Une épicerie perdait sa clientèle à cause de la durée de l'attente à la caisse. Après avoir choisi leurs articles, les gens faisaient la queue un moment, jusqu'à ce que l'impatience les fasse partir en abandonnant leur chariot. Cette situation s'éternisait au point que certains ne rentraient même plus dans le magasin. Un coup d'œil par la vitrine leur suffisait à constater qu'il y avait trop de monde, alors ils allaient ailleurs. Les ventes ne cessant de décliner, les propriétaires du magasin ont sommé le gérant de trouver une solution rapide et abordable.

Tim, le gérant, a commencé par analyser le problème. Après quelques jours passés à observer le flot de clients, il avait relevé quelques causes d'embouteillage à la caisse : certains caissiers étaient particulièrement lents, certaines périodes de la journée plus fréquentées que d'autres, le nombre de caisses restait plus ou moins constant, et les articles mal étiquetés provoquaient du retard.

Chacun de ces petits problèmes avait sa solution : Tim pouvait enseigner aux caissiers à faire plus vite, et ouvrir davantage de caisses aux heures de pointe, notamment certaines caisses rapides. Il pouvait aussi assigner un employé spécifique à la vérification des prix des produits non étiquetés. Il pouvait enfin doter ses caisses d'un lecteur de codes-barres plus performant. Chacune de ces solutions tendait à fluidifier le passage en caisse des clients.

Puis la réflexion de Tim a pris une nouvelle tournure. Le problème ne tenait peut-être pas seulement à son épicerie mais aussi à la clientèle. Ne se montrait-elle pas trop lente et inefficace dans ses courses ? Peut-être fallait-il plutôt former les clients eux-mêmes, ou au moins leur suggérer des façons de se montrer plus rapides à la caisse. Et puis, il était possible d'agir sur la perception qu'avaient les clients du problème. En atténuant leur impatience, le gérant parviendrait à réduire le problème dans leur esprit.

Tim a choisi de s'attaquer à la fois au problème de l'épicerie et à celui du client. Il a ajouté davantage de caisses rapides aux heures de pointe, mais aussi trouvé des façons de distraire les gens, en leur distribuant des échantillons de nourriture et en réaménageant les étalages près des caisses de façon qu'ils poursuivent leurs achats jusque dans la queue. Et il a étalé le flux des clients sur la journée en réservant certaines promotions spéciales aux heures de faible affluence[3].

Dans les affaires, les problèmes sont souvent mal définis et ils comportent de nombreuses variables, plusieurs sous-problèmes, et aucune solution absolue. Nous avons parfois tendance à rechercher la solution unique, parfaite, sans prendre le temps d'en envisager plusieurs, plus modestes. C'est pourtant souvent le meilleur remède aux problèmes multidimensionnels et mal définis.

Un meilleur emploi

Cadre chez un fabricant automobile, Robert était au bord de la rupture. Il occupait depuis des années un poste qu'il adorait, la paye et les avantages étaient appréciables, mais il haïssait son patron. Au fil des ans, il avait tout tenté pour arranger les choses. Il s'était fait transférer dans une autre section mais avait fini par devoir réintégrer la sienne. Il avait organisé son emploi du temps de façon à croiser son patron aussi peu que possible. Mais à mesure que ses responsabilités croissaient, il a été amené à le côtoyer de plus en plus souvent. À court d'idées, il a décidé de démissionner, et demandé à un chasseur de têtes de lui trouver une autre place dans le même secteur.

Heureusement, Robert n'a rien caché de ses intentions à son épouse. Celle-ci lui a fait remarquer que sa démission réglerait sans doute le problème, mais qu'un éventuel départ de son patron le ferait tout autant. Cette solution serait même meilleure, parce que Robert bénéficierait sans doute d'une promotion tout en conservant le métier qu'il aimait tant.

Évidemment, le type d'emploi que Robert avait sollicité correspondait aussi aux compétences de son patron. Le lendemain, il a donc appelé le chasseur de têtes pour lui demander de remplacer son nom par celui du patron. Quand le chasseur de têtes a contacté le patron pour lui demander si une autre place l'intéresserait, ce dernier lui a justement dit qu'il songeait à déménager. Le problème de Robert s'est donc résolu par le départ de son patron.

C'est un exemple parfait de nouvelle approche d'un problème. Il suffit souvent de se redemander quel est le vrai problème pour se mettre sur la voie d'une solution[4].

Ramassage d'ordures malin

Une fois par semaine, depuis des années, à Tallahassee, en Floride, le ramassage des ordures consistait à prendre la poubelle chez les gens, à la vider dans un camion benne, et à la ramener jusqu'à la porte de la maison. Chaque poubelle exigeait deux déplacements – le premier pour la charger, le second pour la restituer, ce qui rendait le labeur extrêmement pénible. La plupart des employés étaient de jeunes étudiants. Il faisait chaud, le travail était dur et nécessitait une rotation constante des équipes. Il en avait toujours été ainsi, et la notion de progrès ne semblait intéresser personne jusqu'à l'arrivée d'un homme plus âgé – que nous appellerons George.

Comme les autres, George trimballait les poubelles dans les deux sens, et comme eux, il trouvait la tâche rude. Il se trouve que les poubelles n'appartenaient pas aux résidants, mais à la ville. Et qu'en outre, toutes étaient identiques. Appartenant toutes à la ville, aucune n'était personnalisée.

George a établi entre ces faits une connexion que les autres n'avaient pas vue. Toutes les poubelles étant identiques, il n'était pas nécessaire de rendre à chacun celle qu'on venait de vider. Chaque maison pouvait se voir remettre n'importe laquelle pourvu qu'elle soit vide. George a donc entrepris de se présenter à chaque maison avec la poubelle vide de la précédente. Il n'avait plus qu'à saisir la poubelle pleine, l'emmener au camion, et la donner, vide, à la maison suivante. Il fallait juste s'assurer à la fin de la tournée qu'une poubelle vide avait été rendue à la première maison visitée. Le nombre de trajets de l'équipe s'en trouvait réduit de moitié.

George n'a pas eu à nourrir sa mémoire intelligente de faits nouveaux. Elle a établi des connexions entre des éléments déjà connus. Tout le monde savait que les poubelles appartenaient à la ville et qu'elles étaient identiques. Personne n'a cru que les résidents entretenaient une relation privilégiée avec leur poubelle. Et personne n'appréciait de faire deux fois le trajet entre le camion et la maison dans la chaleur de la Floride. Mais tous le faisaient sans se poser de questions ni chercher de meilleur système.

George a peut-être été mis sur la voie par son âge et par le fait que ses muscles étaient plus capricieux que ceux de ses jeunes collègues. Ou peut-être avait-il une plus grande habitude de remettre en cause l'autorité. Toujours est-il qu'il s'est servi de sa mémoire intelligente pour se demander si le travail ne pouvait pas être mieux organisé, qu'il a observé les faits et étudié les raccourcis et les améliorations possibles. À peine s'était-il mis à y réfléchir que de nouvelles connexions lui livraient la réponse[5].

Une inspiration venue de l'enfance

James F. Bradley Jr. était capitaine de marine détaché aux renseignements lorsqu'il a eu l'idée qui allait donner aux États-Unis un avantage décisif sur l'Union soviétique pendant la guerre froide. En 1970, l'URSS avait installé un réseau de câbles immergés pour communiquer avec sa flotte et ses sous-marins. Les États-Unis cherchaient à intercepter ces échanges, mais ne parvenaient pas à localiser les câbles.

C'est à trois heures du matin que l'inspiration est venue à Bradley, resté au bureau pour réfléchir au moyen de mieux alimenter les services de renseignements. Se livrant à un genre de petit brainstorming individuel, il a laissé vagabonder son esprit. Il a visualisé les câbles sous la mer, et des images lui sont revenues de son enfance sur les rives du Mississippi, notamment celles des nombreux panneaux d'avertissement qui jalonnaient les berges : « Passage de câbles – Ne pas mouiller. » Il s'est dit que les Soviétiques avaient peut-être installé ce genre de mises en garde sur la côte, à l'entrée des câbles dans la mer.

Il a contacté un fin connaisseur du littoral de l'URSS à qui il a soumis son hypothèse. En 1971, le sous-marin américain *Halibut* s'est discrètement approché des côtes de Sibérie, périscope sorti. Et, en effet, il a repéré des panneaux d'avertissement. La Navy a localisé les câbles, qu'elle a suivis jusque dans la mer d'Okhotsk, où elle a posé une dérivation permettant l'interception des messages. Pendant les neuf années qui ont suivi, l'U.S. Navy a recueilli tous types d'informations soviétiques, dont certaines concernant sa flotte du Nord et son renseignement[6].

Un patron qui travaille tard

Bien après dix-sept heures la réception était déserte, mais quelques bureaux, dont celui de la direction, restaient éclairés. Comme d'habitude, le patron était encore à son bureau et certains employés aux leurs, pourtant eux n'étaient pas vraiment là de leur plein gré. Les ambitieux, ou ceux qui souhaitaient simplement ne pas se faire remarquer, restaient parce qu'ils ne voulaient pas passer pour moins dévoués que le patron. Cette situation nourrissait les rancœurs. Les employés se sentaient contraints de rester tard sans aucun autre motif que de sauver les apparences.

Conscient de l'insatisfaction des employés, le directeur général ne savait pas trop quoi faire. L'énergie et le moral du personnel déclinant à vue d'œil, il fallait agir vite et envisager toutes les solutions. Il pouvait renvoyer les employés chez eux, leur demander de venir plus tard le matin pour réduire le nombre d'heures supplémentaires, ou encore leur confier davantage de travail et leur proposer des heures de compensation en échange de l'effort fourni. Mais il y avait aussi une voie radicalement différente – intervenir sur le comportement du patron.

Étant dans l'impossibilité d'ordonner à son patron de rentrer chez lui, il a voulu en savoir plus sur les raisons de cette présence systématique. Un soir, passant devant le bureau du patron, il a constaté que ce dernier, les pieds sur le bureau, lisait le journal tout en regardant la télévision. Il s'attendait à tout sauf à cela. Très détendu, le patron n'était manifestement pas en train de consacrer ses heures supplémentaires au travail. Le directeur s'est alors demandé à haute voix ce qui poussait le patron à rester si tard. Et ce dernier lui a confié qu'avec six enfants à la maison, il trouvait là une occasion unique de se détendre et de prendre des nouvelles du monde. C'est sans doute à ce moment que le directeur a trouvé la solution qu'il cherchait.

Il a proposé à son patron de l'accompagner faire un petit tour des bureaux. En chemin, ils se sont arrêtés à chaque poste encore occupé. Les employés n'étaient qu'à moitié affairés pour la plupart, ils lisaient, faisaient du classement ou mettaient des archives à jour. Puis le directeur a expliqué au patron que la présence de tout ce monde n'était due qu'à la sienne, ce qui n'a pas manqué de surprendre l'intéressé, qui ne se doutait absolument pas que son attitude avait pu être perçue par ses employés comme un signal. Il n'avait pas conscience qu'ils y voyaient une incitation à l'imiter.

Le patron a donc profité de l'assemblée générale suivante pour expliquer aux employés les raisons de son comportement. Il leur a parlé de ses enfants, du chaos régnant chez lui et du plaisir qu'il trouvait à lire le journal au calme. Mais il leur a surtout dit de ne plus rester si tard, de rentrer chez eux à l'heure. Il ne mettait aucunement leur dévouement en doute, et souhaitait les voir profiter du loisir et du repos indispensables à chacun. C'est exactement ce qu'ils ont fait, avec grand soulagement. Le problème était résolu[7].

S'imprégner d'une idée neuve

Ed Lowe souhaitait faire évoluer son entreprise familiale. Il vendait, parmi d'autres choses, de la sciure de bois servant d'absorbant industriel, mais les clients ne se bousculaient pas parce que c'est un produit inflammable. Sur un sol d'usine graisseux, la sciure accroît les risques d'incendie. Il vendait aussi de l'argile séchée au four, absorbant l'huile de vidange et autres types de graisses. Il avait essayé d'en proposer aux aviculteurs pour le sol de leurs enclos, mais sans succès. Alors, quand il a entendu une voisine se plaindre du fait que la litière de son chat gelait en hiver, Lowe a eu une idée. Il lui a vendu un sac d'argile à mélanger à la litière du chat. La semaine suivante, la voisine lui réclamait un nouveau sac, ainsi que de la sciure, et s'empressait de vanter les mérites du produit auprès de ses amies possédant des chats. Flairant l'opportunité, Lowe a préparé d'autres paquets, qu'il a étiquetés de la mention « litière à chat ».

L'idée était excellente, mais le succès n'a pas été immédiat. Au début, trop de sacs demeurant invendus, Lowe a demandé aux propriétaires d'animaleries d'en offrir gratuitement à leurs clients, dans l'espoir que ces échantillons feraient connaître son produit. D'exposition féline en animalerie, il a démarché à travers tout le pays. Lowe a fini par céder son commerce de litière à chat pour 200 millions de dollars[8].

La mémoire intelligente peut apporter l'inspiration, mais, comme l'a si bien dit Edison, concrétiser une idée demande toujours 99 pour cent de sueur.

Du jouet à l'œuvre d'art

Habile de ses mains, Alexander Calder l'a été dès l'enfance. Il travaillait le fil de fer pour confectionner des bijoux aux poupées de sa sœur et des jouets pour lui-même. Ce talent l'a conduit à entreprendre des études d'ingénieur, mais il n'a pas suivi cette voie bien longtemps, et, aussitôt passé son diplôme, il s'est inscrit à des cours de dessin et a effectué différents petits travaux en indépendant. L'un de ces premiers emplois consistait à croquer des scènes de cirque destinées à la publication.

Alliant sa connaissance du cirque à son talent de fabricant de jouets, Calder a d'abord sculpté un coq en fil de fer, avant d'élargir son univers en y ajoutant des artistes de cirque.

L'étape suivante de la pensée de Calder a encore été une affaire d'associations – entre ses sculptures et les jouets, cette fois. Il a conçu des jouets si attractifs, à la mécanique si parfaite, qu'une galerie d'art new-yorkaise les a exposés. La même exposition présentait aussi des oiseaux mécaniques en cage. Calder y a puisé une idée applicable à ses jouets, ce qui a donné sa première sculpture mouvante, qu'il appellerait « mobile ».

Son idée de mobiles n'a cessé de se développer. Jouant sur les échelles, il en a créé d'immenses et de minuscules. C'est alors qu'une autre gamme de souvenirs est venue alimenter sa réflexion. Les tableaux de Piet Mondrian étaient grands et abstraits, et souvent composés de rectangles aux couleurs vives. Les quadrilatères colorés ont frappé Calder au point qu'il a voulu les mettre en mouvement. Grâce à l'influence de Mondrian, Calder avait trouvé ce qui deviendrait sa marque de fabrique – d'immenses pièces géométriques de métal tournant à la moindre brise. Ses œuvres trônent aujourd'hui dans les plus grands musées du monde, dont la National Gallery of Art à Washington.

L'évolution artistique de Calder est une élaboration typique d'idées associées en réseau de connexions, avec sollicitation d'anciens souvenirs et acquisition de nouveaux, aboutissant à des œuvres d'art réputées pour leur inventivité[9].

Pêche au trésor

Tommy Thompson avait toujours adoré démonter les choses pour découvrir ce qui les faisait fonctionner avant de les remonter. Dans son enfance, il avait caressé deux rêves : devenir inventeur et océanographe. À la fin de ses études, il avait rejoint l'équipage d'un bateau de plongeurs des grands fonds, commandé par le célèbre chasseur de trésors Mel Fisher. Thompson n'ayant jamais cessé de s'instruire, appliquant son infinie curiosité et toute sa perspicacité à l'océanographie, l'informatique et la robotique, sa mémoire intelligente était pleine d'éléments d'information qu'il savait devoir lui servir un jour.

Sa collaboration avec Mel Fisher et son expérience de la mer le conduisirent à devenir chasseur de trésors à son tour, et il découvrit un jour le plus grand trésor submergé du monde. En 1857, des centaines de millions de dollars en or avaient été engloutis au large des îles Carolines, lors du naufrage du *Central America*, qui rentrait des mines californiennes. L'essentiel de l'or était constitué de pièces de vingt dollars, parfaitement neuves car elles n'avaient jamais été mises en circulation – ce qui leur ouvrait la porte des musées, et ajoutait beaucoup à leur prix. Il fallait absolument qu'elles demeurent en l'état, car la moindre éraflure leur aurait fait perdre le tiers de leur valeur.

Les pièces d'or gisaient par six cents mètres de fond, ce qui était trop profond pour les plongeurs, et seuls des robots submersibles pouvaient opérer. Mais le risque était grand qu'en les remontant ils en abîment un grand nombre.

Thompson et un autre ingénieur ont réduit leur problème à ses plus simples éléments : comment mouvoir une masse aussi imposante que distante sans déplacer aucune de ses innombrables petites parties.

Alors qu'ils en étaient à envisager d'emballer les tas de pièces, l'idée leur est venue de fabriquer un moule, un bloc de résine. Ils tenaient leur solution. Ils ont injecté sur les pièces du gel de silicone, qui a durci au contact de l'eau, puis ils ont hissé le bloc ainsi constitué jusqu'à la surface. Les milliers de pièces de vingt dollars ont été récupérées en parfait état[10].

Faire le plein plus vite

Les entreprises et les spécialistes du marketing cherchent constamment à résoudre des problèmes que nous ne nous soupçonnons même pas. Ils perfectionnent sans cesse leurs produits pour les rendre plus pratiques, et augmenter leurs ventes. C'est avec ces objectifs en tête que le géant pétrolier ExxonMobil s'est attelé à l'étude d'une simplification de la transaction d'achat de ses clients. Rendre l'essence plus facile à acheter satisferait les clients et accroîtrait les ventes.

Les dirigeants du marketing ont analysé plusieurs aspects de la procédure de pompage et de paiement. Après avoir choisi de se focaliser sur la méthode de paiement, ils sont partis à la pêche aux idées. Ils ont ainsi rencontré des gens de chez Texas Instruments qui leur ont révélé l'existence de scanners et de puces à radiofréquences capables de contenir et d'échanger des informations concernant le client. Ils ont aussi appris que ces puces étaient assez petites pour être intégrées à quasiment n'importe quoi, et qu'elles étaient lisibles par le scanner.

Ils se sont alors attaqués à l'aspect purement mécanique de la transaction, et ont réduit le produit de leur réflexion à trois possibilités : une carte plastifiée, une étiquette apposée au véhicule, ou un accessoire à mettre au porte-clés.

Ils se sont posé des questions du genre : « Avec quelle facilité extrait-on une carte plastifiée de son portefeuille ? » Ou : « Que penseraient les clients de l'apposition d'un transpondeur à leur voiture ? » Et encore : « Quelles seraient la taille et la forme idéales d'un accessoire à accrocher à son porte-clés ? »

La consultation d'automobilistes a encore restreint leur choix. Les gens n'aiment pas l'étiquette payeuse parce qu'elle les prive de toute implication physique dans le paiement. Les cartes de crédit sont trop faciles à confondre entre elles et à égarer. Le mieux serait donc d'installer quelque chose au porte-clés du client, d'autant que tout utilisateur de pompes à essence est censé avoir ses clés de voiture sur lui.

À force de remodelage, de petites améliorations, d'essais et d'élimination, ils ont fini par ébranler le monde du marketing en créant le SpeedPass, un morceau de plastique d'environ 4 centimètres, doté d'un trou pour l'anneau du porte-clés. Il contient les données de la carte de crédit de son détenteur, qui n'a plus qu'à le présenter au scanner de la pompe pour faire le plein. L'idée du SpeedPass a inspiré une foule d'autres entreprises qui cherchent à présent à s'installer dans nos porte-clés[11].

Aider une star du cinéma à supporter la douleur

Brian Glazer est un producteur cinématographique à succès, puisqu'on lui doit entre autres films *Apollo 13*, *Splash* et *The Grinch*. C'est une profession qui exige qu'on excelle dans la résolution de problèmes. Le lot habituel du producteur consiste à dénicher et à embaucher des scénaristes, à vendre des idées pour obtenir des financements, et à tout faire pour que ses stars soient heureuses. C'est d'ailleurs l'un des soucis permanents de Glazer, de s'assurer du bien-être de ses vedettes pour éviter tout dépassement de délai ou de budget.

C'est précisément à cet égard qu'il a rencontré un problème lors du tournage de *The Grinch*, un monstre incarné par Jim Carrey. Le rôle comprenait un costume et un maquillage extrêmement contraignants que Carrey devait porter chaque jour pendant des heures. Il y avait notamment d'épaisses lentilles de contact jaunes très douloureuses pour les yeux. Pour remédier à cet inconvénient qui risquait à terme de compromettre la participation de sa star au film, Glazer s'est rendu tous les jours sur le tournage, où il discutait avec Carrey. Il a commencé par embaucher des artistes de music-hall pour divertir l'acteur entre les prises et lui faire oublier sa douleur, mais sans grand succès.

Glazer était déterminé à ne pas renoncer aux lentilles jaunes. Ni à Carrey d'ailleurs, qui faisait un excellent Grinch. À court d'idées, il s'est dit qu'on ne parviendrait pas à éliminer la douleur, et qu'il faudrait donc plutôt faire en sorte que Carrey la tolère.

L'idée de douleur permanente appelant celle de torture, Glazer en est arrivé à se demander ce qu'on savait de la tolérance à ces situations extrêmes. Il s'est demandé où trouver des gens exercés à supporter la torture. Et il a embauché un ancien commandant d'élite de la marine, expert en la matière, qui a enseigné à Jim Carrey certaines techniques d'acceptation de la douleur. Et *The Grinch* a pu être réalisé avec les terribles lentilles jaunes aux yeux du monstre[12].

Dans les loisirs

Embouteillage aux cabines d'essayage

Une longue queue de femmes à bout de patience se formait tous les jours devant les cabines d'essayage d'un grand magasin. Cet encombrement était essentiellement dû au fait qu'aucun client n'était autorisé à passer tant que Stacey, la surveillante, n'avait pas compté chaque article et qu'elle ne lui avait pas remis de ticket correspondant au nombre. Les tickets étaient rangés sur un tableau près des cabines. Le magasin avait choisi cette méthode pour prévenir la « disparition » d'articles pendant l'essayage, et la règle était stricte. Personne n'accédait aux cabines sans ticket.

C'est alors qu'un problème s'est présenté à Stacey, immobilisant toute la file. La première cliente n'avait qu'un article à essayer, mais tous les tickets marqués du chiffre 1 étaient déjà pris. Stacey avait beau chercher, pas moyen d'en trouver. En revanche, elle en avait beaucoup portant le numéro 2 ou 3. Elle a fouillé les tiroirs, les cabines vides, et même parmi les cintres. Tant qu'elle ne trouverait pas, tout le monde devrait attendre que quelqu'un sorte des cabines d'essayage. Les clients semblaient aussi désemparés que Stacey devant ce casse-tête.

Des protestations ont commencé à s'élever, et c'est finalement une cliente qui a réglé le problème. Elle s'est dirigée vers un portant où étaient accrochées les affaires restituées, a saisi un chemisier au hasard, qu'elle a tendu à la femme qui n'avait qu'un article. À présent qu'elle en avait deux, Stacey pouvait lui attribuer un ticket estampillé du chiffre 2. La cliente est allée aux cabines. Et tout est rentré dans l'ordre.

Tant Stacey que la cliente à l'article unique suivaient une ornière mentale. Elles voulaient à tout prix s'en tenir à la règle : un seul article égale un ticket estampillé « 1 ». Ces derniers venant à manquer, elles se trouvaient dans l'impasse. La femme à qui l'on devait la solution avait pris le problème dans l'autre sens. Les numéros 2 étaient disponibles, il suffisait de donner un second article à la cliente.

Un appartement bruyant

Les foyers d'étudiants sont réputés pour l'agitation et le bruit qui y règnent, mais ça ne justifie pas qu'on y écoute de la musique trop fort à n'importe quelle heure. Et, en l'absence de concierge susceptible d'imposer un certain calme, les habitants doivent se débrouiller seuls lorsque le voisin monte le son.

Emily était une étudiante sérieuse, qui songeait plus à travailler qu'à faire la fête ou à fréquenter ses amis. Alors, quand la nouvelle occupante du dessous s'est mise à écouter de la musique à plein volume, ça lui a posé un sérieux problème. Le pire, c'est que la

276

musique ne s'arrêtait même pas la nuit, quand Emily voulait dormir.

Sa première idée a été d'informer sa voisine que la musique la dérangeait. Dès que le volume montait, elle tapait au sol. La musique baissait alors un peu, mais pas assez pour rétablir le calme. Emily a donc pris le taureau par les cornes. Elle s'est présentée devant la porte de sa voisine pour lui demander davantage de considération. À sa stupéfaction, la voisine a invoqué son droit à écouter de la musique quand elle le voulait. Apparemment, la manière ordinaire ne donnerait rien.

Emily a alors élargi sa perspective. Puisque le dialogue était voué à l'échec, peut-être fallait-il envisager le recours à la force ? Elle-même n'était pas vraiment de taille, mais le propriétaire ou même la police feraient sans doute davantage d'effet. Elle s'est donc plainte auprès du premier. Et le bruit a cessé. Mais au bout de deux semaines, ça a recommencé, et le propriétaire s'est mis à éviter ses appels. Quant à la police, elle n'a accordé à sa mésaventure qu'un intérêt limité.

Emily a ensuite songé à noyer le bruit de sa voisine sous davantage de bruit encore, mais les voisins se seraient plaints d'elle. Il fallait donc trouver le moyen de contraindre sa bruyante voisine à changer de comportement.

Soudain, elle a pris conscience que l'appartement de sa voisine était disposé à l'identique du sien, le plafond du premier correspondant au plancher du second. Une solution aussi simple qu'efficace a aussitôt jailli. Elle s'est acheté une corde à sauter, a réglé son réveil, et s'est livrée à trente minutes de sauts, tous les matins à 4 heures. Elle savait parfaitement que sa chambre se situait juste au-dessus de celle de sa voisine. Ce petit jeu a duré plus d'une semaine, jusqu'au jour où sa voisine est venue demander une trêve. Emily a accepté de cesser sa gymnastique nocturne et la voisine de toujours baisser la musique à partir de 23 heures.

L'histoire d'Emily nous montre que le traitement d'un problème multidimensionnel par la mémoire intelligente – repêchage d'éléments d'information dans la mémoire (la corde à sauter), établissement de nouvelles connexions (entre son propre sol et le plafond de sa voisine), développement et mise à l'essai de nouvelles idées – peut lui apporter une solution parfaite[13].

Temps de parole partagé

Quand Bruce Vincent était président de la Ligue des électeurs ruraux du Montana, il lui a été demandé d'évoquer auprès d'une classe de lycéens de la ville l'exploitation du bois, la foresterie et le respect des ressources naturelles. Son exposé sur le travail des bûcherons et l'entretien des forêts a été très apprécié, et, au moment de le remercier, le professeur a laissé entendre qu'un environnementaliste devait intervenir le lendemain, pas seulement pour faire un discours, mais notamment pour organiser une sorte d'« adoption » d'un loup par les enfants.

Vincent a tout de suite compris que cette activité ne manquerait pas d'éclipser sa propre intervention. « Je me demandais si l'ensemble de mon discours n'allait pas passer à la trappe. Si on leur racontait que l'exploitation du bois embête le gentil loup, les enfants s'empresseraient d'oublier tout ce que je leur avais dit. »

Cherchant quelque chose qui puisse rivaliser avec l'intervention de l'environnementaliste, Vincent s'est livré à un brainstorming. « Et ça m'est venu d'un coup. La seule chose qui soit plus captivante qu'un animal, c'est un être humain. » Il a donc avancé l'idée d'« adoption » d'une personne, et cela a fini par donner naissance au programme aujourd'hui appelé Provider Pals (Copains Pourvoyeurs).

Sous l'égide de ce programme, cent vingt-cinq classes de lycée « adoptent » un bûcheron, un pêcheur, un mineur, un fermier ou un éleveur. Par l'intermédiaire de cassettes vidéo, de lettres, de photos et de messages électroniques, les enfants apprennent à connaître cette personne et son travail. Une fois par an, l'une d'elles vient présenter à la classe les ustensiles propres à son métier – un tamis de prospecteur, ou des lassos pour attraper les vaches. L'un d'eux s'est même présenté avec un tronc d'arbre entier dont des morceaux ont été offerts à tous les élèves. Ce programme apportait une solution à un problème courant – comment enseigner aux petits citadins les réalités de la vie rurale aussi bien que la défense de l'environnement, et comment suffisamment les impliquer pour qu'ils puissent y voir les deux versants d'un dilemme[14].

L'usage de votre mémoire intelligente

Chaque minute consacrée au perfectionnement de sa mémoire intelligente et à son emploi dans la vie quotidienne est bien plus productive qu'une autre passée à se tourmenter pour les visages ou les faits qu'on a oubliés. La mémoire intelligente est l'une de nos rares facultés qui s'améliore avec le temps, ce qui la rend bien plus utile que la mémoire ordinaire, qui non seulement se dégrade avec l'âge, mais peut aisément être remplacée par un stylo et du papier. Rien ne saurait remplacer la mémoire intelligente. C'est l'un des meilleurs atouts de notre espèce. À présent que vous savez l'apprécier, courez la tester sur le monde extérieur, mais avec sagesse !

12

Un programme
pour votre mémoire intelligente

Agrémenter votre vie quotidienne d'exercices pour la mémoire intelligente n'est pas compliqué. Pas autant en tout cas que l'exercice physique, notamment parce que le gros du matériel nécessaire est déjà en vous. Toutefois, ce programme exige que vous prévoyiez plus attentivement vos actes et que vous procédiez à quelques modifications dans votre mode de réflexion.

Tout d'abord, réfléchissez à petits pas. Nous l'avons vu, la mémoire intelligente peut intervenir dans presque toutes les situations. Qu'il s'agisse de questions banales, comme un problème en cuisine, ou fondamentales, comme l'inspiration qui donnera une grande œuvre d'art, elle peut tout régler. Mais sur un plan plus pratique, la plupart d'entre nous ne disposent ni de l'ego ni du temps, sans parler des capacités, que demandent trente ans d'élaboration d'une théorie de la relativité. Vous progresserez davantage et serez mieux préparé à entreprendre des projets d'envergure si vous commencez par des petits problèmes quotidiens, plus dociles et plus à même de vous valoir une satisfaction immédiate.

Quels problèmes vous occupent à l'instant présent ? Vous souhaitez acheter un caméscope sans savoir quel modèle choisir. L'un de vos enfants rencontre des difficultés scolaires, il a du mal à suivre l'ensemble de la classe. Vous avez acheté un billet d'avion non remboursable, mais êtes dans l'impossibilité de faire le voyage. Votre mari voudrait un chien, mais lui comme vous n'êtes que rarement à la maison. Votre patron vous a demandé de lui soumettre des idées pour le budget de l'an prochain. Votre messagerie électronique est tellement encombrée de messages publicitaires que vous n'y retrouvez même plus les textes valides. Notre vie regorge de situations qu'une mémoire intelligente bien développée peut simplifier.

Pour vous rappeler d'exercer votre mémoire intelligente et vous motiver à le faire, employez un calepin. C'est l'éternelle arme secrète des écrivains et des artistes à succès, mais aussi celle de tous types de penseurs et de faiseurs, de scientifiques et d'hommes d'affaires. Les carnets de Léonard de Vinci sont célèbres parce qu'ils constituent un enregistrement constant de ses pensées et de ses idées visuelles. Pour Léonard, ces carnets étaient une façon pratique de saisir les idées au vol, de se rappeler ses projets et d'en constater les progrès accomplis. Que ce soit pour le publier ou pour y consigner vos pensées intimes, vous y trouverez un allié précieux.

Si l'usage d'un carnet ne vous convient pas, vous pouvez aussi garder la trace de vos idées et stimuler votre réflexion par l'entremise d'un collaborateur ou, à défaut, de toute personne disposée à vous écouter. Le collaborateur, qu'il s'agisse d'un ami, d'un membre de la famille ou de quelqu'un avec qui l'on partage un certain centre d'intérêt, comme un ami poète par exemple, représente une formidable source d'idées, de nouvelles pistes d'analyse critique. Les enseignants, pour leur part, apprennent leur métier en s'adressant à un public. Mais, pour la plupart d'entre nous, le calepin reste le meilleur des partenaires.

N'oubliez pas que le programme que vous mitonnez à votre mémoire intelligente a plusieurs objectifs. Assurez-vous d'y consacrer la motivation, le temps et les récompenses suffisants pour pouvoir vraiment faire travailler vos muscles mentaux. Ce temps et cette motivation varient selon les individus, mais il est raisonnable de prévoir quinze à trente minutes par jour. C'est à la fois le minimum pour trouver un rythme adapté aux problèmes de la mémoire intelligente, et le maximum qu'on peut libérer dans une journée. Et c'est assez pour obtenir des résultats visibles jour après jour, et faire l'agréable constat de ses progrès. Exercez-vous à solliciter votre mémoire intelligente par courtes séquences plutôt que sur des périodes prolongées. Dites-vous qu'il s'agit d'un sprint, pas d'un marathon. Nous avons tous la possibilité de nous accorder quelques minutes de réflexion dans le métro, dans la salle d'attente du médecin, ou en attendant que le café passe le filtre. Si possible, choisissez la période de la journée où vos pensées sont claires et fluides. Autrement, contentez-vous d'admettre que cela se passera mieux certaines fois que d'autres. Le plus important au début est de dégager un peu de temps pour la gymnastique de votre mémoire intelligente.

Trois éléments de la mémoire intelligente sont susceptibles d'être renforcés. Les deux premiers sont les idées et les connexions qui les relient. Ce réseau d'idées et de connexions est la matière première nécessaire à une meilleure résolution des problèmes, et au jaillissement d'idées plus créatives. Le troisième élément, c'est la pensée critique. C'est ce qui façonne et sélectionne la matière brute issue de votre réflexion, et vous permet de distinguer la meilleure de vos solutions. Vous seul pouvez savoir lequel de ces éléments mérite une attention particulière.

Vous êtes doté d'une imagination débordante, mais vos idées semblent ne jamais devoir aboutir ? Peut-être faut-il alors commencer par développer votre réflexion critique. Vous avez du mal à apporter de nouvelles idées, mais voyez tout de suite ce qui ne va pas dans celles des autres ? Alors il sera préférable de travailler votre capacité à établir les connexions. Vous trouvez des idées, mais leurs défauts vous sautent tout de suite aux yeux ? Ou bien êtes-vous empêtré dans un problème à l'instant présent ? C'est peut-être que vous avez besoin de pensées plus exubérantes, de solutions plus créatives. Accordez-vous un temps de liberté mentale et autorisez-vous à laisser vos pensées jaillir et s'épanouir. Vous aurez tout le temps de les élaguer et de les mettre en action plus tard.

Voici quelques façons d'entreprendre ces différentes parties du programme de votre mémoire intelligente.

Davantage d'idées : Quand il vous faut davantage d'alternatives envisageables, brassez les éléments d'information dont vous disposez. Refaites le parcours à rebours, supprimez un élément, ajoutez-y quelque chose de totalement nouveau, ou simplifiez. Tracez un schéma du problème, dressez la liste des caractéristiques de chacun de ses éléments, songez à un problème analogue, ou cherchez un supplément d'information. Exposez-vous à de nouvelles sources d'idées. Zappez d'une chaîne à l'autre pour vous arrêter sur une émission que vous ne regardez jamais, ou réglez votre autoradio sur une station que vous ne connaissez pas. Achetez de nouveaux magazines et journaux. Visitez des musées que vous n'aviez jamais fréquentés. Lisez quelques passages au hasard d'un ouvrage de référence, d'un dictionnaire de citations, d'une encyclopédie, d'un almanach mondial… Lancez un moteur de recherche à la pêche aux articles ou aux personnes qui éveillent votre attention, ou aux associations de mots qui vous paraissent liés à votre problème. Faites quelque chose de nouveau – rendez-vous au travail par un itinéraire jamais emprunté, parlez à un inconnu, mangez exotique, lisez un auteur qui vous est étranger, écrivez un petit poème, ou visitez un magasin que vous ne connaissez pas.

Débarrassez-vous de tout immobilisme fonctionnel : Si vous aboutissez constamment à la même solution ou à la même méthode, essayez de fragmenter le problème en plus petits problèmes. Ne vous attaquez qu'au plus petit d'entre eux. Redéfinissez vos objectifs et changez l'ordre des étapes habituelles. Plutôt que de réfléchir au problème et à ses remèdes, essayez de réfléchir à son exact opposé et à la façon dont vous empêcheriez ce résultat-là. Pratiquez la libre association devant un magnétophone ou griffonnez les pages d'un carnet. Étudiez un objet ordinaire, un stylo, un vase, une savonnette, et cherchez les différents usages qu'on pourrait en faire. Observez les outils que vous employez et cherchez-leur d'autres usages que ceux prévus.

Cherchez les connexions inhabituelles : Il suffit parfois de relâcher un peu son approche d'un problème pour trouver de nouvelles connexions, par brainstorming, par exemple. Chassez un instant toute pensée analytique. Oubliez un instant le problème lui-même (votre mémoire intelligente, elle, ne le fera pas, vous ne risquez donc pas de vous égarer). Essayez de fabriquer des idées créatives selon l'une des méthodes évoquées plus haut. Essayez de vous appuyer sur des éléments visuels. Feuilletez un livre d'art ou de photographie, décortiquez les pages publicitaires d'un magazine, pensez au dernier film que vous avez vu et trouvez-lui d'autres fins. Cherchez une solution parmi les titres du répertoire de la chanson française.

Passez votre raisonnement au crible : Réfléchissez aux présupposés que vous avez appliqués à un problème. Demandez-vous s'ils sont vraiment pertinents. Vous avez peut-être certains préjugés quant à vos motifs, vos capacités ou vos désirs ; quant aux ressources disponibles ; quant à l'emploi du temps ou au planning ; quant aux débouchés et objectifs. Traquez les idées reçues susceptibles de s'être glissées dans votre raisonnement. Votre réflexion et ses conclusions ont peut-être été faussées par une logique défaillante, par quelqu'un que vous avez vu ou lu, ou par vos expériences passées. Les idées reçues ne sont pas toujours mauvaises, à condition que l'on ait conscience de leur influence sur notre pensée. Reconsidérez votre objectif – vaut-il vraiment la peine ou mérite-t-il d'être redéfini ?

Ralentissez votre réflexion : Examinez les étapes mentales qui vous ont mené à une conclusion et demandez-vous si l'une d'elles repose sur une intuition, sur l'instinct ou sur le flair. L'intuition, comme d'autres raccourcis mentaux, est souvent porteuse d'idées spontanées contraires au processus mental délibéré et lent que demande tout problème nouveau. Prenez aussi le temps de vous assurer que vous n'avez omis aucune information disponible.

Dotez-vous d'outils de pensée critique : tels que les lois de la logique et des probabilités. Nombre de ces outils pourraient ou devraient déjà faire partie de votre boîte à outils mentale. Toutefois, pour la plupart des gens, certaines règles de base peuvent s'avérer efficaces dans toute une gamme de problèmes. En voici quelques-unes parmi les plus précieuses pour les situations courantes : n'oubliez pas que certaines choses relèvent vraiment du hasard. Même si cela peut paraître extrêmement improbable, il suffit que le temps ou les occasions se présentent pour que la dernière des hypothèses se produise, par hasard. Veillez à bien distinguer entre cause et corrélation. Deux événements survenant à la même période n'ont pas forcément une relation de cause à effet. Il y a aussi, concernant le hasard, la loi du plus grand nombre d'occurrences – qu'ils soient issus de l'expérience ou de l'analyse, les indices ont davantage de poids lorsqu'ils reposent sur un grand nombre de cas. Plus ces cas sont rares, plus les indices risquent de ne relever que du hasard. Méfiez-vous des absolus tels que « jamais » ou « tous ». Songez que presque tout ce qui peut être bon comporte également des risques, tout acte possède ses effets indésirables. Prévoyez ces effets. Méfiez-vous des raisonnements sur les frais fixes – ce que vous avez déjà investi ne compte pas ; votre réflexion ne doit reposer que sur ce que vous possédez au présent.

Vérifiez vos résultats : Vérifiez votre solution ou votre réponse : est-elle immédiatement efficace ? Est-elle définitive ? Pratique ? Abordable ? Songez à ses conséquences. Une solution qui paraît bonne peut avoir des effets secondaires désastreux. Il est capital de vous demander si votre solution constitue un réel progrès ou si elle ne sert qu'à vous débarrasser du problème. Vous pouvez refaire chacun des pas qui vous y a conduit pour vous assurer que l'ultime solution possède des fondations solides.

Ne soyez pas trop dur envers vous-même : Les meilleurs penseurs brassent des centaines, voire des milliers d'idées avant d'en trouver une qui soit digne d'attention. Vous n'échapperez sans doute pas à la règle, alors autant accepter d'emblée cette déperdition relative. Souvenez-vous que votre mémoire intelligente sera d'autant plus fluide que vous la soumettrez à une légère pression, mais pas trop, car cela risquerait de l'amener à se bloquer (par « étouffement »). Essayez de vous accorder suffisamment de temps, ou de ménager vos efforts, car cela vous épargnera toute situation d'urgence au moment où vous perfectionnez votre mémoire intelligente. Marquez des pauses, pas dans la réflexion en général, mais dans ce qui touche directement à votre problème. N'oubliez pas qu'en prenant une direction radicalement différente votre esprit permettra peut-être à votre mémoire intelligente de raviver des connexions qui vous seront profitables à la longue. En tout cas, n'attendez pas des miracles de votre mémoire intelligente si vous êtes soumis à trop de pression.

L'amusement élimine aussi la graisse mentale : Développer votre mémoire intelligente peut se révéler laborieux, mais ça n'est pas une fatalité. Tout ce qui vous intéresse vraiment, qui vous fascine, toute piste que vous suivez de gaieté de cœur renforcera votre mémoire intelligente.

Contentez-vous de vous mettre à réfléchir : C'est le conseil le plus important. Quoi que vous fassiez sera utile. Commencez par n'importe quoi, n'importe où. Si vous êtes à l'arrêt de bus, demandez-vous : « Pourquoi les bouches d'égout sont-elles rondes et non carrées ? Comment se fait-il qu'un bus puisse arriver en retard ou à l'heure, mais jamais en avance ? Quels sont les avantages du sac à dos sur la mallette ? Pourquoi telle personne est-elle ainsi vêtue ? Que lisent ces gens ? Quelle est cette musique provenant d'un autoradio ? »

Commencez dès que vous aurez un instant de libre.

Commencez tout de suite !

Notes et bibliographie

Ce que nous appelons mémoire intelligente est la synthèse d'une série de domaines jusqu'ici dissociés. Le lecteur qui souhaiterait en savoir plus sur ces questions trouvera ci-dessous autant de bons points de départ. Sur la théorie des processus neuronaux basiques de l'apprentissage, voir *Perceptual Learning*, de Fahle et Poggio (Bradford, 2002). On a souvent opposé les processus mentaux inconscients et implicites à ceux plus explicites et conscients. On trouvera, parmi les récents abrégés de qualité sur la question : *Implicit Learning and Consciousness*, de French et Cleeremans (Psychology Press, 2002) ; *Implicit and Explicit Mental Processes*, sous la direction de Kirsner, Speelman, Maybery, O'Brien-Malone, Anderson et Mc Leod (Lawrence Erlbaum, 1998) ; et *Handbook of Implicit Learning*, sous la direction de Stadler et Frensch (Sage Publications, 1998).

On trouvera une approche plus accessible dans *Multimind*, de Ornstein (Houghton Mifflin, 1986) ; *Hare Brain, Tortoise Mind*, de Claxton (Fourth Estate, 1997) ; et *Ideal Problem Solver*, de Stein (W.H. Freeman & Co., 1984). Ces derniers ouvrages abordent aussi la réflexion et la créativité au quotidien. Pour une vision plus savante des processus mentaux en jeu dans nos actes ordinaires, voir *L'Erreur humaine*, de James Reason (Presses Universitaires de France, Paris, 1993), et *Everyday Thinking : Memory, Reasoning and Judgment in the Real World*, de Wohl (Lawrence Erlbaum, 2002).

Sur les meilleures méthodes pour une pensée critique, voir *Thought and Knowledge*, de Halpern, 3ᵉ édition (Lawrence Erlbaum, 1996). Certains de ces sujets sont abordés de façon plus théorique dans *Thinking and Deciding*, de Baron, 2ᵉ édition (Cambridge University Press, 1994) et *Rational Models of Cognition*, sous la direction de Oaksford et Chater (Oxford University Press, 1998). Pour une description scientifique de la créativité, voir *Handbook of Creativity*, sous la direction de Sternberg (Cambridge University Press, 1999), et *Creative Thought*, sous la direction de Ward, Smith et Vaid (American Psychological Association Press, 1997). On trouvera aussi des techniques scientifiquement éprouvées de perfectionnement de la créativité dans *Creativity and the Mind : Discovering the Genius Within*, de Ward, Finke et Smith (Plenum, 1995). *The Naked Cartoonist*, de Mankoff (Black Dog and Leventhal, 2002), offre sans doute une perspective plus étroite, mais plus divertissante. Dean Simonton s'est attelé à mesurer la créativité et le génie à travers les études historiques ; son *Genius and Creativity : Selected Papers* (Ablex, 1997) rassemble une partie de ses écrits professionnels, mais *Origins of Genius : Darwinian Perspectives on Creativity* (Oxford University Press, 1999) présente un compte rendu plus homogène.

Cette liste d'ouvrages qui nous ont servi et peuvent vous intéresser est loin d'être exhaustive ; les notes correspondant à chaque chapitre sont plus détaillées.

Bien entendu, nous n'approuvons pas nécessairement tous les arguments de ces ouvrages. Le lecteur doit savoir que les ouvrages techniques traitent souvent de questions prêtant à controverse. Ils ne soutiennent que rarement les thèses communes, qui risquent donc de paraître quasiment introuvables au lecteur profane.

Introduction

1. Ceci S. et Liker J., « A Day at the Races : A Study of IQ, Expertise and Cognitive Complexity », *Journal of Experimental Psychology* 115 : 255-266 ; 1986.

2. « Working », *Smart Money*, mars 2001, p. 140.

Chapitre 1
Qu'est-ce que la mémoire intelligente ?

1. Doyle Arthur Conan, *Une étude en rouge,* Librio, 1995.

Chapitre 2
Testez votre mémoire intelligente

1. Wardell D.J., « Funniest Joke ». www.wardell.org

2. Andrews S. et Scarratt D., 1998. « Rule and Analogy Mechanisms in Reading Nonwords – Hough Dou Peapel Rede New Wirds ? » *Journal of Experimental Psychology : Human Perception and Performance* 24 : 1052-1086.

3. Gainsbourg S., La Décadanse, © Warner Chappell Music France, 1971.

4. Carlin G., *Brain Droppings,* New York, Hyperion, 1997.

5. Finke, Ronald, Ward T., et Smith S., *Creative Cognition : Theory, Research, and Applications,* Cambridge, The MIT Press, 1992, p. 153.

Chapitre 3
Perfectionner sa mémoire intelligente

1. Ce nombre prête à débat, et il y a lieu de penser qu'il soit inférieur, se situant peut-être autour de trois ou quatre. Dans « The Magical Number 4 in Short-Term Memory : A Reconsideration of Mental Storage Capacity » (2000, *Behavioral and Brain Sciences* 24 : 87-185), Nelson Cowan procède à une récapitulation très convaincante des indices avérés. Mais pour ce qui nous intéresse ici, le nombre précis compte moins que le fait que cette limite existe, et qu'elle est étonnamment basse. Cette contrainte bride sensiblement l'ensemble de notre pensée.

Chapitre 4
Développer son attention

1. Gordon B., *Memory, Remembering and Forgetting in Everyday Life,* New York, Mastermedia, 1995, p. 275.

2. Chase W., et Simon H., « Perception in Chess », *Cognitive Psychology* 4 : 55-81 ; 1973.

3. Csikszentmihalyi M., « Reviews and Response », dans *Technologies for the 21st Century*, sous la direction de M. Greenberger, Santa Monica, The Voyager Company, 1992, p. 32.

4. *New York Times*, 2 janvier 2003.

5. *New York Times*, 31 juillet 2001.

6. Bush C., « How to Multitask », *New York Times Magazine*, 8 avril 2001.

7. « Licensed to Kill : Marine Sniper Waits for the Perfect Moment », *Wall Street Journal*, 21 décembre 2001.

8. Asimov I., *Isaac Asimov's Book of Facts*, New York, Wing Books, 1979, p. 54.

9. « L'incongru », www.mots-de-tete.com

10. Wood N. et Cowan N., « The Cocktail Party Phenomenon Revisited : Attention and Memory in the Procedure of Cherry 1953 », *Journal of Experimental Psychology : Learning, Memory and Cognition* 21 (1) : 255, 1995.

11. Bransford et Stein, *The Ideal Problem Solver*, p. 156.

12. Lapp D., *Don't Forget,* Perseus Books, Reading MA, 1987.

13. Allen W., « Dieu, Shakespeare et moi », trad. M. Lebrun, Paris, Seuil, 2001.

Chapitre 5
Accroître son bloc-notes de mémoire

1. Baddeley A., *Your Memory : A User's Guide,* Londres, Prion, 1996, p. 81.

2. Baddeley A., *Your Memory : A User's Guide*, p. 169.

3. Miller G., « The Magical Number Seven, Plus or Minus Two – Some Limits on Our Capacity for Processing Information », *Psychological Review* 101 : 2, 343-352.

4. Luria A., *L'homme dont le monde volait en éclats*, Paris, Le Seuil, 1998.

5. Chase W. et Ericsson K. A., « Skilled Memory », dans *Cognitive Skills and their Acquisition*, sous la direction de J. R. Anderson, Lawrence Erlbaum Associates, Mahwah, NJ, 1981, p. 141.

6. Ericsson K. et Polson P., « An Experimental Analysis of the Mechanics of a Memory Skill », *Journal of Experimental Psychology* 14 : 305-316 ; 1988.

7. Adapté de Daneman M. et Carpenter P., « Individual Differences in Working Memory and Rea-

ding », *Journal of Verbal Learning and Verbal Behavior* 19 : 450-466 ; 1980.

8. Gamon D. et Bragdon A., *Building Mental Muscle,* San Francisco, Brainwaves Books, 1998, p. 136.

9. Gamon D. et Bragdon A., *Building Mental Muscle,* p. 127.

10. Baddeley A. *et al.,* « Word Length and the Structure of Short-Term Memory », *Journal of Verbal Learning and Verbal Behavior* 14 : 575-589 ; 1975.

Chapitre 6
Emmagasiner davantage

1. Haber R., « How we Remember what we See », *Scientific American*, mai 1970, p. 105.

2. Bahrick H., « Long-Term Maintenance of Knowledge », dans *The Oxford Handbook of Memory*, sous la direction de Tulving E. et Craik F., New York, Oxford University Press, 2000, p. 347.

3. Bransford J., *Human Cognition – Learning, Understanding and Remembering,* Belmont, Wadsworth Publishing Co., 1979, p. 134.

4. Noice, H. et Noice T., « Two Approaches to Learning a Theatrical Script », *Memory* 4 (1) : 1-17 ; 1996.

5. Luria A., *L'homme dont le monde volait en éclats*, Paris, Le Seuil, 1998.

6. Bransford J. et Stein B., *The Ideal Problem Solver : A Guide for Improving Thinking, Learning, and Creativity* 2ᵉ éd., New York, Freeman W.H. and Co., 1993, p. 138.

7. Maguire E. *et al.,* « Routes to Remembering : The Brains Behind Superior Memory », *Nature Neuroscience*, vol. VI, n° 1, janvier 2003, p. 90.

8. Wilding, J. et Valentine E., : « Memory Expertise », *Basic and Applied Memory Research : Theory in Context,* Vol. I, Lawrence Erlbaum Associates, Mahwah, NJ, 1996, p. 399.

9. Noice H. et Noice T., « Two Approaches to Learning a Theatrical Script ».

10. Groeger J., *Understanding Driving,* East Sussex, Psychology Press, 2000.

11. Baddeley A., *Your Memory : A User's Guide,* Londres, Prion, 1996, p. 27.

12. Stickgold R. *et al.,* « Sleep, Learning and Dreams : Off-line Memory Reprocessing », *Science*, vol. 294, 2 novembre 2001 ; Heuer H. *et al.,* « Effects of Sleep Loss, Time of Day, and Extended Mental Work on Implicit and Explicit Learning of Sequences », *Journal of Experimental Psychology : Applied*, 4 (2) : 139-162 ; 1998.

13. Baddeley A., *Your Memory*, p. 76.

14. Bransford et Stein, *The Ideal Problem Solver*, p. 134.

Chapitre 7
Faire jaillir les connexions

1. Asimov I., *Treasury of Humor*, Boston, Houghton Mifflin Company, 1971, p. 69.

2. Adapté de Whitaker H., « A Case of the Isolation of the Language Function », dans *Studies in Neurolinguistics*, vol. II, New York, Academic Press, 1976.

3. Manning A., « New Meaning to "Patently Absurd" », *USA Today*, 30 juillet 2001.

4. Simonton D., « Creative Productivity : A Predictive and Explanatory Model of Career Trajectories and Landmarks », *Psychological Review* 104 (1) : 66-89 ; 1997.

5. Perkins D., *Archimede's Bathtub : The Art and Logic of Breakthrough Thinking,* New York, W. Norton & Co, 2000, p. 39.

6. Mayer R., *Thinking, Problem Solving, Cognition,* New York, W. H. Freeman & Co, 1992, p. 367.

7. Holyoak K. et Thagard P., *Mental Leaps : Analogy in Creative Thought,* Cambridge, MIT Press, 1995, p. 185.

8. White S., *New Ideas About New Ideas,* New York, Perseus Publishing, 2002.

9. Kurlantzick J., « Hello, Goodbye, Hey Maybe I Love You ? », *US News & World Report,* 4 juin 2001.

10. Halpern D., *Thought and Knowledge : An Introduction to Critical Thinking,* Lawrence Erlbaum Associates, Mahwah, NJ, 1996, p. 350.

11. Kelley T. et Littman J., *The Art of Innovation,* New York, Doubleday, 2001, p. 48.

12. Freeman A. et Golden B., *Why Didn't I Think of That ? Bizarre Origins of Ingenious Inventions We Couldn't Live Without,* New York, John Wiley and Sons, 1997, p. 70.

13. Bransford J. et Stein B., *The Ideal Problem Solver : A Guide for Improving Thinking, Learning, and Creativity,* 2e éd., New York, W.H. Freeman and Co., 1993, p. 68.

14. Dunker K., « On Problem Solving » (1945), dans *Thinking and Reasoning,* New York, Penguin Books, 1968, p. 28.

15. Osborn A., *L'Imagination constructive,* Paris, Dunod, 1959.

16. Parnes S. et Harding H., *A Source Book for Creative Thinking,* New York, Charles Scribner's Sons, 1962, p. 288.

17. Kelley et Littman, *The Art of Innovation*, p. 10.

18. Osborn A., *L'Imagination constructive*.

19. *Forbes*, 10 décembre 2001.

Chapitre 8
Résoudre les problèmes

1. Brickman P. *et al.,* « Lottery Winners and Accident Victims : Is Happiness Relative ? » *Journal of Personality and Social Psychology* 36 : 917-927 ; 1978.

2. Gleitman H., Fridlung A., Reisberg D., *Basic Psychology,* New York, Norton, 2000, p. 230.

3. Jaffe G., « With Recruiting Slow, the Air Force Seeks a New Ad Campaign », *Wall Street Journal*, 14 février 2001.

4. « A Brief History of the Maginot Line », www.geocities.com

5. *Variety*, 8 octobre 2001.

6. Hauser S., « Reading ? It's for the Dogs », *Wall Street Journal*, 9 août 2001.

7. Desmond A. et Moore J., *Darwin, The Life of a Tormented Evolutionist,* New York, W. W. Norton & Co., 1991, p. 467 ; « Dr Alfred Russel Wallace at Home », interview de Rann E., *Pall Mall*, mars 1909.

8. « Fosbury, Dick » www.britannica.com

9. Maier N., « Reasoning in Humans » (1931), dans *Thinking and Reasoning*, sous la direction de Wason P. et Johnson-Laird P., New York, Penguin Books, 1968, p. 17.

10. Dunker K., « On Problem Solving » (1945), dans *Thinking and Reasoning,* New York, Penguin Books, 1968, p. 28.

11. Denes-Raj V. et Epstein S., « Conflict between Intuitive and Rational Processing : When People

Behave against their Better Judgment », *Journal of Personality and Social Psychology* 66 (5) : 819-829.

12. Claxton G., *Hare Brain, Tortoise Mind : How Intelligence Increases When You Think Less,* New York, Ecco Press, 1997, p. 52. Un exemple de la formule est donné par Claxton.

13. Reid T., « Mister Chips », *Washington Post Magazine*, 20 décembre 2000.

14. Barta P., « Jailhouse Conversion : Ossining Tires of Being a Prisoner to Sing Sing », *Wall Street Journal*, 29 mars 2002.

15. Porter R., (dir. d'ouvrage), *Medicine of Healing,* New York, Marlowe & Company, 1997.

16. Bransford J. et Stein B., *The Ideal Problem Solver : A Guide for Improving Thinking, Learning, and Creativity,* 2ᵉ éd., New York, W.H. Freeman and Co., 1993.

17. Wilson C., « Hallmark Hits the Mark », *USA Today*, 14 juin 2001.

18. Cohen G., *Memory in the Real World,* Lawrence Erlbaum Associates, Mahwah, NJ, 1989, p. 154.

19. Seifert C. *et al.,* « Demystification of Cognitive Insight : Opportunistic Assimilation and the Prepared-Mind Perspective », dans *The Nature of Insight*, sous la direction de Sternberg R. et Davidson J., Cambridge, MIT Press, 1995, p. 65.

20. Harris R., « Virtual Salt », www.virtual-salt.com/crebook4.htm

21. Metcalfe J. et Wiebe D., « Intuition in Insight and Noninsight Problem Solving », *Memory and Cognition* 15 (3) : 238-246.

22. Adapté de Browers G. H. *et al.,* « Intuition in the Context of Discovery », *Cognitive Psychology* 22 : 79-109.

23. Harris R., « Virtual Salt », www.virtual-salt.com/crebook4.htm ; Bransford J. et Stein B., *The Ideal Problem Solver*, p. 164.

24. Bransford J. et Stein B., *The Ideal Problem Solver*, p. 164.

Chapitre 9
La créativité au travail

1. Mayer R. E., « Fifty Years of Creativity Research », dans *Handbook of Creativity*, dirigé par Sternberg R. S., Cambridge University Press, Cambridge, 1999, p. 449 *sqq.*

2. Lightman A., « The Art of Science », *New Scientist,* 2002, vol. 176, p. 68.

3. Ziegler J., dans Robert Mankoff, *The Naked Cartoonist,* New York, Black Dog & Leventhal, 2002, p. 134-135.

4. Donaldson S. R., *The Gap Into Conflict : The Real Story,* New York, Bantam, 1991, p. 222-223.

5. *Cindy Sherman : Rétrospective,* Paris, Thames & Hudson, 1998.

6. « Pollock Style », *Time*, 20 août 1956.

7. Ratcliff C., *The Fate of a Gesture,* Boulder, Westview Press, 1998, p. 111. Les méthodes de Pollock sont analysées dans le détail par Pepe Karmel dans « Pollock at Work : The Films and Photographs of Hans Namuth » ; sous la direction de Varnedoe K., Karmel P., *Jackson Pollock,* New York, Museum of Modern Art, 1998.

8. Hellman L., « Dashiell Hammett : A Memoir », *New York Review of Books*, 25 novembre 1965.

Chapitre 10
Prévenir les erreurs mentales

1. Schacter D., *The Seven Sins of Memory,* Boston, Houghton Mifflin Company, 2001, p. 92.

2. « Clerk's Scheme to Steal Cash Overlooks Significant Detail », *Kansas City Star*, 7 septembre 2000.

3. Northcutt, W., *Les Darwin Awards,* Paris, Fleuve Noir, 2001.

4. Bransford J. et Stein B., *The Ideal Problem Solver : A Guide for Improving Thinking, Learning, and Creativity,* 2ᵉ éd., New York, W.H. Freeman and Co., 1993, p. 182.

5. Kruger J., et Dunning D., « Unskilled and Unaware of It – How Difficulties in recognizing One's Own Incompetence Lead to Inflated self-Assessments », *Journal of Personality and Social Psychology* 77 (6) : 1121-1134 ; 1999.

6. Gibbs N., et Duffy M., « Bush and Gore : Two Men, Two Visions », *Time* online edition, 28 octobre 2000.

7. Gladwell M., « The Art of Failure », *New Yorker*, 21 août 2000, p. 84.

8. Halper D., *Thought and Knowledge : An Introduction to Critical Thinking,* Lawrence Erlbaum Associates, Mahwah, NJ, 1996, p. 260 ; et Levy D., *Tools of Critical Thinking,* Allyn and Bacon, Needham Heights, MA, 1997, p. 180.

9. « In Brief », *New Scientist*, vol. 174, juin 2002, p. 25.

10. Levy D., *Tools of Critical Thinking,* p. 157.

11. Gardner M., *The Night Is Large,* New York, St. Martin's Press, 1996, p. 481.

12. « Least Competent Criminals », *News of the Weird*, 10 octobre 2001.

13. Halpern D., *Thought and Knowledge*, p. 29.

14. Northcutt W., *The Darwin Awards*, p. 150.

15. Bransford J. et Stein B., *The Ideal Problem Solver : A Guide for Improving Thinking, Learning, and Creativity,* 2ᵉ éd., New York, W.H. Freeman and Co., 1993, p. 23.

16. Blanchard-Fields F. *et al.,* « Age Differences in Problem-Solving Style : The Role of Emotional Salience », *Psychology and Aging* 10 (2) : 173-180 ; 1995.

17. Halpern D., *Thought and Knowledge*, p. 318.

18. Marchetti M., « Wild Pitches », *Smart Money*, 19 décembre 2000.

19. « Reasoning in Humans », dans *Thinking and Reasoning*, sous la direction de Wason P. et Johnson-Laird, P., New York, Penguin Books, 1968.

20. Halpern D., *Thought and Knowledge*, p. 270.

21. Claxton G., *Hare Brain, Tortoise Mind : How Intelligence Increases When You Think Less,* New York, Ecco Press, 1997, p. 55.

22. Mayer R., *Thinking, Problem Solving, Cognition,* New York, W. H. Freeman & Co, 1992, p. 491.

23. Pricken M., *Creative Advertising,* Londres, Thames & Hudson, 2002, p. 62. Tiré d'une annonce publicitaire dont la légende était : « Le complément vitaminé pour les animaux souffrant de carences alimentaires. » Client : FCL Laboratories (Enervit). Agence : TBWA, Barcelone. Dir. créa., Xavi Munill ; dir. art., Tomas Descals.

Chapitre 11
Conseils d'usage de la mémoire intelligente

1. Weisberg R., *Creativity,* New York, W. H. Freeman & Co, 1986, p. 4.

2. Baron J., *Thinking and Deciding*, Cambridge University Press, 1988, p. 186.

3. Bransford J. et Stein B., *The Ideal Problem Solver : A Guide for Improving Thinking, Learning, and Creativity,* 2ᵉ éd., New York, W.H. Freeman and Co., 1993, p. 55.

4. Sternberg R., *Successful Intelligence,* New York, Plume, 1997, p. 208.

5. Sternberg R. *et al.*, *Practical Intelligence in Everyday Life,* Cambridge University Press, Cambridge, UK, 2000, p. 32.

6. « James F. Bradley, 81 », *Baltimore Sun*, 11 avril 2001.

7. Sternberg R. *et al.*, *Practical Intelligence in Everyday Life*, p. 209.

8. Freeman A., et Golden B., *Why Didn't I Think of That ? Bizarre Origins of Ingenious Inventions We Couldn't Live Without*, New York, John Wiley and Sons, 1997, p. 41.

9. Weisberg R., *Creativity*, p. 111.

10. Kinder G., *Ship of Gold in the Deep Blue Sea,* New York, Atlantic Monthly Press, 1998, p. 476.

11. Weber T., « The New Way to Shop », *Wall Street Journal*, 27 février 2001.

12. MacFarquhar L., « The Producer », *New Yorker*, 15 octobre 2001.

13. Ruggiero V., *The Art of Thinking,* New York, Addison-Wesley Educational Publishers, 1998, p. 114.

14. Strassel K. « Hug a Logger, Not a Tree », *Wall Street Journal*, 23 mai 2002.

Remerciements

Nombreux sont ceux qui nous ont aidés à donner forme à *La Mémoire intelligente*. Merci à Nina Graybill, Susan Gorn, Barbra Jeffrey, Joanne Omang, Edie Stern, Pat Stevens et Martha Zeiger, lecteurs avisés, chercheurs et conseillers.

Merci aussi à notre agent, Gail Ross, pour son infatigable soutien matériel et moral, et à nos éditeurs, Jane Von Mehren et Jennifer Ehmann, pour leur patience et leur regard bienveillant.

Nous exprimons aussi notre profonde gratitude à tous les chercheurs, cliniciens, amateurs de casse-tête, artistes ou écrivains, qui ont permis d'établir l'existence de la mémoire intelligente. Nous n'aurions ici la place de ne citer qu'une infime partie de ces gens.

Barry se sent particulièrement redevable envers trois familles : la famille anonyme qui a doté sa chaire de neurosciences cognitives thérapeutiques et généreusement financé ses recherches ; le très regretté Benjamin E. Miller, pour les dons et la dotation que lui et sa famille ont faits à John Hopkins.

Et envers sa propre famille, notamment son regretté père, Bernard Gordon, et sa mère, Blanche, pour lui avoir instillé une motivation qui ne le quit-

terait jamais, insufflé toute sa confiance intellectuelle, tempérant le tout d'une dose de sagesse
pratique et de bienveillante critique.

Barry remercie son épouse, Renée, d'avoir rendu
possible l'effort qui s'imposait, malgré son parfait
souvenir (bien plus aigu que le sien) de ce qu'avait
impliqué le livre précédent.

Lisa remercie sa famille pour tout : ses sœurs,
Cathy et Diane, d'avoir été là quand il le fallait, Papa
et Ginny pour leur souci et leurs attentions, Peter
pour ses conseils de natation, et Donny pour son
humour apaisant.

TABLE DES MATIÈRES

COLLECTION
ÉVOLUTION

 Bien-être et développement personnel

*Des livres qui aident la vie au quotidien :
des solutions pour surmonter les difficultés
du moment et pour se connaître mieux !*

Pour en savoir plus : www.pocket.fr

Bien-être et développement personnel

◀ La médit-action
Carole Serrat & Laurent Stopnicki
320 pages - env. 7,00 €
Pocket n° 12609

Stressé, tendu ou préoccupé ?
Découvrez la médit-action ! Cette
méthode originale de relaxation
considère l'homme dans toute sa
dimension. Elle allie sophrologie,
techniques orientales de respira-
tion et méditation, et permet de
retrouver le bonheur qui est en
chacun de nous. Efficace et progressive, la médit-action, grâce à
des exercices simples, apprend à
résoudre les conflits intérieurs,
surmonter les difficultés et
retrouver l'estime de soi. Un
voyage intérieur vers la sérénité…

Pour en savoir plus : www.pocket.fr

**Comment je me suis débarrassé ▶
de moi-même**
Patrick Estrade
288 pages - 7,50 €
Pocket n° 12467

Peut-on vraiment changer ? Peut-on choisir sa vie sans la subir ? Oui, c'est possible. Les systèmes de défense que nous croyons être salvateurs nous éloignent en fait de notre être véritable. Patrick Estrade montre comment – pour peu que nous prenions conscience des résistances que nous mettons en place – se débarrasser de ce moi artificiel. L'auteur, sur sept thèmes précis, donne des clés pour ouvrir les portes de sa propre identité. Pour enfin oser se libérer et assumer sa vie…

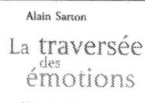
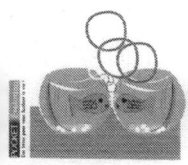

◀ La traversée des émotions
Alain Sarton
256 pages - env. 5,70 €
Pocket n° 12637

Parce qu'elles sont l'expression de notre identité la plus profonde, nos émotions possèdent un pouvoir formidable ! Sources d'énergie ou d'inhibitions, freins ou vecteurs de bonnes relations avec l'entourage, elles agissent différemment selon l'accueil que nous leur réservons. Alain Sarton propose de transformer nos troubles et nos émois en une voie royale vers la connaissance de soi et la possibilité de vivre mieux. Comprendre et accepter ses émotions, c'est déjà se construire une existence libre et épanouie…

Pour en savoir plus : www.pocket.fr

Composé par Nord Compo
à Villeneuve-d'Ascq

Impression réalisée sur Presse Offset par

C P I
Brodard & Taupin

42078 – La Flèche (Sarthe), le 31-05-2007
Dépôt légal : octobre 2006
Suite du premier tirage : juin 2007

POCKET – 12, avenue d'Italie - 75627 Paris cedex 13

Imprimé en France